缅甸联邦共和国

公司法

主　编　翁艳　张伟玉

副主编　张鑫　曹磊　岳虎

人民日报出版社

北京

图书在版编目（CIP）数据

　　缅甸联邦共和国公司法 / 翁艳，张伟玉主编. —北京：人民日报出版社，2022.2

　　ISBN 978-7-5115-6742-0

　　Ⅰ．①缅… Ⅱ．①翁… ②张… Ⅲ．①公司法—缅甸 Ⅳ．①D933.722.9

　　中国版本图书馆CIP数据核字（2020）第234724号

书　　　名：缅甸联邦共和国公司法
　　　　　　MIANDIAN LIANBANG GONGHEGUO GONGSIFA
主　　　编：翁　艳　张伟玉
出 版 人：刘华新
责任编辑：刘天一
封面设计：中尚图
出版发行：人民日报出版社
社　　　址：北京金台西路2号
邮政编码：100733
发行热线：（010）65363528　65369512　65369509　65363531
邮购热线：（010）65369530　65363527
编辑热线：（010）65369844
网　　　址：www.peopledailypress.com
经　　　销：新华书店
印　　　刷：天津中印联印务有限公司
开　　　本：710mm×1000mm　1/16
字　　　数：192千字
印　　　张：13
版次印次：2022年3月第1版　2022年3月第1次印刷
书　　　号：ISBN 978-7-5115-6742-0
定　　　价：59.00元

编委会成员

黄德海　韩建强　陈湘球　高　辉

马廷利　蔡　哲　徐文凯　张晓辉

夏东仑　刘利民　赵　华

基金项目

国家社科基金青年项目（项目批准号：20CGJ028）

对外经济贸易大学优秀青年学者资助项目（项目批准号：20YQ17）

编者简介

主　编

　　翁艳，1985 年生，中共党员，云南民族大学亚非语言文学硕士，常驻缅甸首都内比都，专业从事缅甸语翻译十余年，精通缅甸语。现为中油国际管道公司中缅油气管道项目缅甸语高级翻译、高级经济师。翻译发表《缅甸联邦共和国公民人身自由与人身安全保护法》《缅甸联邦共和国和平集会与和平游行法》《缅甸联邦共和国领海及海域法》《缅甸联邦共和国内河航运法》《缅甸联邦共和国石油及石油产品法》《缅甸联邦共和国引渡法》等多部缅甸重要法律。

　　张伟玉，1985 年生，中共党员，清华大学法学博士、理论经济学博士后，法国巴黎政治学院访问学者，精通缅甸语。现为对外经济贸易大学全球化与中国现代化问题研究所副教授、对外经济贸易大学区域国别研究院东盟国家研究中心研究员、清华大学一带一路战略研究院兼职研究员、北京高教学会国际政治研究分会副秘书长，主要研究方向为中国周边外交、东南亚地区与缅甸国别研究等领域。曾在《国际政治科学》《当代亚太》《东南亚研究》等 CSSCI 期刊发表学术论文，多篇文章被《人大复印报刊资料》全文转载，在《人民日报》《世界知识》《学习时报》《环球时报（英文版）》等报刊发表多篇文章。主持国家社科基金青年项目、北京市社科基金项目、中国博士后科学基金项目、国务院扶贫办中国国际扶贫中心项目等。出版专著《缅甸军人政权的转型逻辑》《缅甸史话》。

副主编

张鑫，1984 年生，中共党员，北京大学法学硕士。现为中油国际管道公司中缅油气管道项目律师、高级经济师。从事专业律师工作十五年，曾多次参与国家对外投资合作项目合同谈判，擅长公司治理、民事纠纷、商务谈判、企业风险防控等，所著论文《如何完善我国上市公司的治理模式》《浅析金融危机下中国石油销售企业的法律风险防控》获国家行业部级一、二等奖。

曹磊，1986 年生，现为天津外国语大学亚非语学院讲师，缅甸语专业负责人，精通缅甸语。出版《缅甸语美文晨读》专业教材 1 部，发表《听力教学的扩展与升华——以 BBC 听力教学为例》《"一带一路"背景下缅甸语本科专业口译人才培养的几点思考》等多篇论文，翻译并发表《缅甸联邦共和国和平集会与和平游行法》《缅甸联邦共和国公民人身自由与人身安全保护法》等多部缅甸重要法律。

岳虎，1982 年生，现为中油国际管道公司中缅油气管道项目主管，中级经济师。曾在《区域治理》发表《关于油气管道办公基地与生活基地安全管理研究及分析》，在《国际援助》发表《关于中缅两国经济贸易互利合作浅析》。多次荣获中国石油集团东南亚管道有限公司、中国石油集团东南亚管道有限公司云南分公司和中油国际管道公司"先进个人""优秀员工"等荣誉称号。

序 言

　　2011 年，缅甸退役军人吴登盛当选总统，正式将缅甸带入"军人为主—文官为辅"的统治时代。2015 年，缅甸举行全国性大选，昂山素季领导的全国民族民主联盟（简称"民盟"）在大选中获得压倒性胜利，不断将这种新政治体制深化为"文官为主—军人为辅"的政权组织形式，缅甸民盟政府成为国际社会普遍承认的民选政府。2020 年，缅甸举行全国大选，民盟再次获得压倒性优势，缅甸民主转型步入关键期、进入深水区。2021 年 2 月 1 日，是缅甸新一届议会召开组建新政府之日。当日凌晨，缅甸军方突然扣押国务资政昂山素季、总统温敏等人，缅甸军政二元博弈白热化。2021 年 8 月 1 日，缅甸国家管理委员会宣布成立看守政府。缅甸形势不容乐观，而对投资者而言，与公司和企业等相关的经济类法律是其开展投资活动的最为重要的法律保障。

　　长期以来，中国企业在缅甸面临基础设施和金融系统不完备，法律法规不完善，法治程度低，长年内战冲突不断等诸多挑战，还面临缅甸民主转型时期经济政策不稳定，民间组织活跃，媒体监督和审视更加严格等多重压力。虽然中缅高层建立了密切的沟通和友好关系，夯实了政治互信基础，但当前缅甸国内政治民粹主义、环保极端主义、资源民族主义等各种思潮兴起，缅甸民众游行示威抗议密松水坝项目、莱比塘铜矿项目、中资制衣厂频繁遭遇缅甸工人罢工和抗议，给中国投资项目带来巨大挑战。因此，译介缅甸最新法律和法规，成为中国国内极少数能够掌握缅甸语的学者和同仁需要承担的重要社会责任。

　　2017 年 12 月，缅甸总统签署批准了联邦议会通过新的《缅甸联邦共和国公司法》，该法取代了 1914 年制定的长达 100 多年历史的殖民时期公司法。新公司法由八部分三十二章四百七十六条组成，涵盖公司章程、公司成立、公司权力、股份、证券、公司管理、公司清算、注册、诉讼及刑事责任等各方面内容，为投资者在缅甸投资提供了重要的法律依据和法律保障。本书的分工如下：翁艳负责本书所有章节的翻译及译审，张伟玉负责本书的筹划、统稿及部分章节的翻译，张鑫负责本书的法律术语的核校，曹磊负责本书部分章节的翻译，岳虎负责本书中文的校对等工作。本书能最终出版离不开团队精诚合作，离不开刘天一编辑辛勤工作，在此一并表示感谢。

2020 年 1 月，习近平主席访问缅甸，正式宣布中缅"人字形"经济走廊从概念规划转入实质建设阶段，标志着中缅经济走廊成为继中巴经济走廊、中老经济走廊后第三条双边经济走廊实质启动，中缅双方一致同意共建中缅命运共同体。缅甸作为中国的周边重要邻国和"一带一路"沿线国家，了解缅甸当地各类法律和法规，有助于中国企业参与中缅"一带一路"经济合作和中缅经济走廊建设的顺利进行，有助于构建中缅命运共同体。

目　录

缅甸联邦共和国公司法

（联邦议会 2017 年第 29 号法令）

2017 年 12 月 6 日

（缅历 1379 年 9 月 18 日）

联邦议会颁布本法。

第一部分
开始生效及释义

第一章　名称、开始生效及释义

第一条 （一）本法称为《缅甸联邦共和国公司法》。

（二）本法自国家总统决定的公告之日起生效。

（三）除另有规定外，本法涉及的下述名词做如下解释：

1. 相关法律：指已生效的对相关事项具有效力的国家的任何法律、细则、规章制度、通令和命令等。

2. 相关方指：

（1）与某公司相关时，具体指：

a）公司的董事或秘书；

b）相关法人团体；

c）相关法人团体的董事或秘书；

d）控制公司或被公司控制的个人。

（2）与个人（包括公司）相关时，一般指：

a）与正在从事或即将从事相关事项的某人进行同样行为的任何个人；

b）以其他任何正式或非正式方式协作从事或即将协作从事相关事项的任何个人；

c）针对相关事项指定的任何个人。

（3）但是，因下述原因可依照第（1）和第（2）款规定视为相关方的，则不得让其参与其他任何事项：

a）履行任何专业技术或商业活动责任时，向任何人提供建议或代表任何人从事相关事项的；

ｂ）公司股东会议或分类公司股东会议中委任为某人的代理或代表的。

3. 被授权人：指外国公司委任的常驻国内的作为其代理代表其履行本法项下事项的任何个人。

4. 董事会：指在任何公司或法人团体的董事会共同工作的公司的所有董事；只有一名董事的公司，董事会则指该名董事。

5. 公司：指依照本法设立并登记注册的公司或现有公司。

6. 分担人：指在公司清算时有责任向公司资产账户出资的所有人，包括尚需通过诉讼确定为分担人的任何人和在最终判决前的诉讼过程中被指控为分担人的人。

7. 法人：指依照本法以外的其他任何法律（包括其他任何国家的任何法律）成立的任何法人团体，无论该法人团体是否依照本法注册。

8. 法院：指依照本法具有司法审判权的法院。

9. 债券：指公司用于借款发行的任何证券，包括信用债券。

10. 董事：指本法下公司或其他任何团体的：

（1）被委任董事职务或候补董事职务，且正在履行上述职务的任何人；

（2）未被委任董事职务或候补董事职务，但从事下述职务的：

ａ）视同被委任董事职务的人员；

ｂ）使公司或法人团体的董事按其指示或意愿执行的人、或就前述执行做出命令的人、或行使董事会有权行使的职权的人、或对前述职权的行使进行监管的人。

董事因他人适当履行其专业责任时提出的意见或因上述人员与董事、公司或团体有业务往来而遵照执行的事项，不适用第（2）款第ｂ）项规定。

11. 现有公司：指依照已废除的任何法律成立并注册的公司。

12. 专家：指第二百一十四条规定事项相关的工程师、估价师、会计师和专业授权其出具任何意见的任何人。

13. 财政援助：指包括贷款、保证、担保或免除义务和债务等财政援助。

14. 外国公司：指外国公司或其他外国人或二者合作在缅甸境内成立的直接或间接占有 35% 以上所有权权益的公司。

15. 控股公司：指持有相关联子公司的股份的法人团体。

16. 部委：指依照本法实施管理和监督或履行注册官职能的联邦部委或该部委的继承机构或依照相关法律成立的机构。

17. 管理人员：指在任何公司或法人团体中能够胜任下述工作的任何个人：

（1）对公司或法人团体的整个业务或业务的主要部分做出有效决策的或参与做出有效决策的人员；

（2）对公司或法人团体财务具有显著影响的人员。

18. 期权：指在某个时间段内可按约定价格购买或处置股份或证券的权利。

19. 常住居民：指依照相关法律获得永久居住权的人员或每 12 个月内至少在缅甸境内居住满 183 天的人员。12 个月指：

（1）现有公司或依照已废除的任何法律成立并登记注册的法人团体，自本法生效之日起开始计算；

（2）依照本法成立并登记注册的公司或法人团体，自登记注册之日起开始计算。

20. 普通决议：指具有投票权的股东亲自或委托代理人（若允许）出席股东大会并以简单多数原则表决通过的决议，且确定有意将该决议作为普通决议的会议通知已正式发出。

21. 外国法人：指在缅甸境外成立的法人团体或公司。

22. 所有者权益：指在公司合法或公平获得的或指定的权益，可包括通过下述方式获得的权益：

（1）直接持有该公司的股份；

（2）直接或间接持有通过直接或间接方式持有该公司股份的另一公司的股份；

（3）通过协议使持有人直接或间接有权对公司任何决议的投票权产生控制权。

23. 规定事项：指依照按本法制定的细则、规章制度、通令、命令、指示、表格或格式所规定的或其中所包含的内容或事项。

24. 旧法：指 1914 年颁布的《缅甸联邦共和国公司法条例》。

25. 私人公司：指依照本法或已废除的法律成立的且满足下述条件的公司：

（1）公司员工以外的股东人数不得超过 50 人；

（2）不得向公众发出认购公司股份、债券或其他证券的要约；

（3）可由章程规定限制股份转让。

两人或两人以上共同持有某公司某一股份或多份股份的，应将其视为一名公司股东。

26. 发起人：指为第二百一十四条之目的，准备公司招股说明书，或在其中有误导或不实说明的任何人。但是，本释义不适用于向参与公司成立的人员提供专业服务的人员。

27. 招股说明书：指某公司向公众发出的邀请认购公司股份、债券或其他证券的公司招股说明、通知、传单、公告或其他邀请文件。但是，本释义不得适用于只陈述正式编制公司招股说明书的任何商业广告。

28. 公众公司：指依照本法或已废除的任何法律成立的私人公司以外的公司。

29. 可登记权益：指依照第十三章条款规定，公司以某登记账户登记的任何证券。

30. 注册办公室：指公司清算相关司法事项中，在公司提交公司清算申请前连续 6 个月内作为公司最长时间使用的注册办公室地点。

31. 注册官：指履行本法项下公司登记注册责任、行使本法或其他任何相关法律赋予注册官的其他权利和职责的投资与公司管理局及其继承机构、注册官或联邦机构、或任何局级人士。

32. 某一法人团体（包括公司）的相关法人团体指：

（1）该法人团体的任何持股公司；

（2）该法人团体的任何子公司；

（3）该法人团体的持股公司的任何子公司。

33. 关联方指：

（1）与法人团体（包括公司）相关时，指该法人团体的控制人；

（2）与个人（包括法人团体）相关时，指：

a）个人的相关方（不包括与此人相关的法人团体）；

b）此人的相关方的配偶或父母或子女；

c）上述第（1）款或第（2）款第a）、b）项规定所述人员控制的任何法人团体。

34. 指定银行：指为开展相关业务和活动，依照《金融机构法》或其他任何相关法律确认的或赋予相关职权的任何银行。

35. 担保权益：指本法或其他任何相关法律规定的或确定的质权、留置权、抵押权或其他形式的担保权益。

36. 股份：指某公司股本中所包含的股份。

37. 签名：指在向注册官提交的或由注册官出具的任何文件上做出确认的标记，该签名无须纸面上的原始墨迹签字，可将签名者的名字按注册官许可的方式进行电子形式输入。本法项下向注册官提交或由注册官出具的任何文件上的签字均属以上形式的签名。

38. 小型公司：指除公众公司及其子公司以外，满足下述条件的公司：

（1）该公司和该公司的子公司的员工人数不超过30人或在本法规定的员工人数范围内；

（2）该公司和该公司的子公司上年度收入总额在5千万缅元以下或在本法规定的收入总额范围内。

39. 债务偿付能力测试：指下述各事项，须与上述公司相关的或适时规定的会计准则相符：

（1）公司对一般经营活动所需支付的债务具备偿还能力；

（2）公司资产超过公司负债。

40. 特殊决议：指股东亲自或委托代理人（若允许）在股东大会上以拥有表决权至少四分之三的表决票通过的决议，且确定有意将该决议作为特殊决议的会议通知已正式发出。

41. 子公司指：

（1）某公司符合下述任何条件的，视为其他公司的子公司：

a）其他公司对上述公司的董事会组成能够进行控制的；

b）其他公司对上述公司会议可行使或控制行使半数以上表决权的；

c）其他公司持有上述公司发行的股份（不含在规定比例外参与利润和资本分配的股份）半数以上的；

d）获得上述公司发行的股份（不含在规定比例外参与利润和资本分配的股份）的每份红利分红的一半以上红利的。

（2）符合上述第（1）款任何条件的子公司设立的子公司亦属上述其他公司的子公司。

42. 过渡期：指自本法生效之日起12个月的期间。

43. 最终控股公司：指持有关联公司的多数股份的公司，且该公司不属于任何法人团体的子公司。

44. 国家：指缅甸联邦共和国。

45. 联邦部长：指其责任为依照本法实施管理和监管注册官的联邦部长或具有联邦部长职级的其他任何人员。

46. 卖家：指为实现本法第二百零五条规定的目的，在下述条件下，就公司收购之财产签订购销协议或期权者：

（1）公司招股说明书发布之日，未就公司应收账款全额支付的；

（2）对通过公司招股说明书筹资获得的收益中应付款项进行全额或部分支付的或接收支付款项的；

（3）上述协议的有效性或执行取决于招股说明书要约发布所获得的收益结果。

第二部分
章程、公司的成立及权力

第二章　公司和法人团体

第二条　可成立注册的公司和法人团体

依照本法可成立并注册下述公司：

（一）下述两类股份有限责任公司之一：

1. 股东人数不超过 50 人（不含公司雇员）的私人公司；

2. 不限股东人数的公众公司。

（二）不限股东人数的担保责任有限公司。

（三）不限股东人数的无限责任公司。

第三条　依照本法可登记注册的其他法人团体

根据第九章条款依照本法或其他法律成立的下述其他法人团体可依照本法登记注册：

（一）商业协会；

（二）外国法人；

（三）依照本法或其他任何相关法律可登记注册的其他任何法人团体；

（四）联邦部长适时允许的其他团体。

第三章　公司基本要求和权力

第四条　公司的基本要求

（一）依照本法注册的公司须包括下述要素：

1. 名称；

2. 公司章程；

3. 至少发行一份股份（担保责任有限公司无须股本）；

4. 至少一名股东；

5. 根据本条第 6 款规定必须有一名董事为缅甸境内常住居民；

6. 若公司为公众公司，至少须有 3 名董事，其中有 1 名董事须为缅甸境内常住缅甸公民；

7. 一个缅甸境内的公司注册地址。

（二）公司可委任公司秘书且可持有一枚公章。

第五条 公司的资格和权力

（一）公司：

1. 是独立于公司股东的具有自主权利的法人实体，在公司未取消注册前，继续享有完全的权利、权力和权益；

2. 依照本法或其他任何法律，具有完全法律行为能力在国内外从事包括下述事项在内的任何业务、活动或行为：

（1）发行股份、债券或可转换为公司股份的其他证券；

（2）发行可持有公司股份或债券的期权；

（3）给予公司财产的担保权益；

（4）将公司财产以实物或其他形式向公司股东分配。

（二）只有公司资格、权利、权力或权益受限时，公司章程才可对受限资格、权利、权力或权益进行约定。

（三）公司可作为其他公司的控股公司，并可成立子公司或持有子公司的股份。

第四章　本法下公司的成立和注册

第六条 成立公司的模式

（一）任何个人或多人可向注册官提交申请，依照本法成立或注册公司：

1. 根据章程大纲，公司成员的法律责任以各成员分别持有的股份的未缴款额（若有）为限的，则此类公司在本法中称为股份有限公司；

2. 根据章程大纲，公司成员的法律责任以各成员在章程大纲中承诺的在公司清算时分别提供的作为公司资产的款额为限的，则此类公司在本法中称为担保责任有限公司；

3. 公司成员的法律责任是无限的，则此类公司在本法中称为无限责任公司。

（二）依照本法注册任何公司时，须按照规定格式向注册官递交申请，并注明下述事项：

1. 拟注册的公司的名称；

2. 拟注册的公司的类型；

3. 每位申请人的姓名和地址；

4. 所有董事和秘书的姓名、出生年月、性别、国籍和地址；

5. 董事或秘书的书面任职同意书；

6. 未有其他通知的，公司的注册地址视为联系地址；

7. 主要营业地与注册地址不同的，则注明公司主要营业地；

8. 与私人公司、公众公司或无限责任公司相关事项：

（1）公司所有股东的姓名和地址；

（2）公司每位股东同意作为公司股东或认购对应股份数额的书面同意书；

（3）向公司每位股东发行的股份数量和种类；

（4）公司股本的计价币种；

（5）公司每位股东同意对每股支付的金额（若有）；

（6）注册时股份是否全额支付的说明；

（7）公司是否有最终控股公司的说明；

（8）公司是否注册为外国公司的说明；

9. 与担保责任有限公司相关事项：

（1）公司所有股东的姓名和地址；

（2）公司每位股东同意作为公司股东的书面同意书；

（3）公司每位股东同意担保的金额；

（4）公司拥有股本的：

a）发行股份数量和种类；

b）公司股本的计价币种；

c）公司每位股东同意对每股支付的金额（若有）；

d）注册时股份是否全额支付。

（三）提交的注册申请应：

1. 由每位申请人签字；

2. 包含每位申请人承诺申请材料中所有内容属实的声明；

3. 公司申请使用的章程与章程模板差异较大时，应提交一份至少由一名申请人核证的章程副本或提交一份拟使用章程模板的声明。

（四）提交申请时，须按规定向注册官缴纳相关费用。

（五）申请人应保存申请书副本原件、一并提交的所有其他文件以及第（二）款第 5、8、9 项规定中所述的同意书原件。公司成立时，上述文件将交由公司作为公司档案文件继续保存。

第七条 对第六条规定的事项，申请人提交的申请材料不属实的，应处罚款 250 万缅元。

第八条 注册

（一）注册官收到申请材料，经审查，符合本法要求的，应：

1. 对申请进行登记；

2. 出具一份包含下述内容的公司注册证：

（1）公司名称；

（2）公司类型；

（3）公司依本法成立并注册；

（4）注册日期；

（5）其他事项。

（二）注册官应保存好注册登记册。

（三）注册官不得要求提供除第六条第（二）款和第（三）款规定所需

或联邦部长要求提供的相关文件以外的其他文件。

第九条　注册效力

自公司注册证中注明的注册之日起，申请文件中的公司股东以公司注册证中所述名称成为具有独立法人资格的公司的正式股东。在不限于本法第五条或其他条款实施的情况下，公司除有权履行公司所有权以外还享有永久存续权。

第十条　公司注册证的决定性效果

注册官依照第八条规定出具的公司注册证，证明公司完全依照本法注册相关要求注册，且自该证书注明的公司成立之日起公司即依照本法正式成立。

第五章　公司章程

第十一条　公司章程要求及效力

（一）公司都应有自己的章程，公司章程一经所有股东签字，均应遵守章程的规定，包括股东的继承人及法定代表人。

（二）公司、董事会、董事和股东享有本法规定的权利、权力、责任和义务，依照本法修改章程的除外。

（三）提交申请注册公司时注明的公司股东及其后加入的股东均被视为应遵守公司章程。

（四）依照公司章程规定，公司股东应支付给公司的所有款项视同股东应付公司债务。

第十二条　公司章程应包含的内容

（一）公司章程可包含本法规定的事项，也可包含公司需补充说明的其他事项，但违反本法规定的章程内容视为无效。

（二）公司章程可按股东意愿列明公司目标。

（三）公司章程应列明在缅甸境内的公司注册地。

（四）受限于本条第（五）款规定，现有公司章程大纲、章程及其他成立文件在本法生效后与该公司的章程具有同等效力。以上文件违反本法规定的，违反本法规定的部分自始无效。

（五）现有公司的章程大纲明确公司目标的，公司股东未依照本法表决修订章程取消该目标的，该目标应继续有效直至过渡期结束。过渡期之后，上述目标视为失效，除非按规定格式向注册官发送该目标继续有效的特殊决议。本款规定不得影响第二十九条规定的执行。

第十三条　有限责任公司的公司章程附加要求

股份有限责任公司的章程需注明下述内容：

（一）私人公司名称后应加"有限"；公众公司名称后应加"公众有限公司"。

（二）股东责任是有限的。

（三）公司拟发行的股份种类及该股份的计价货币。

（四）公司股份初始认购人和后续认购人应至少认购一股。

第十四条　担保责任有限公司的章程附加要求

（一）担保责任有限公司的章程须注明下述内容：

1.公司名称后应加"担保责任有限"；

2.公司股东的责任以担保金额为限；

3.公司每名股东承诺，在其作为公司股东期间或停止作为股东前的一年内，公司清算时该股东应向公司资产中出资，以支付公司清算时的公司债务，以及清算费用、税费和调整公司股东出资相关费用，以上债务及费用须在该股东作为股东期间发生且不得超出规定数额。

（二）公司设有股本的：

1.公司拟发行的股份种类及该股份的计价货币；

2.公司的认购人至少认购一股。

（三）担保责任有限公司没有股本且属于在旧法生效后注册的公司的，公司章程或决议中若有将公司可分配利润的任何权利给予公司股东以外的其他人员的，则该内容无效。

第十五条　无限责任公司章程附加要求

无限责任公司的章程应注明下述内容：

（一）公司的名称以及公司名称后应加"无限责任公司"。

（二）公司股东的责任是无限的。

（三）公司拟发行的股份种类及该股份的计价货币。

（四）公司股份初始认购人与后续认购人至少须认购一股。

第十六条　公司章程的格式

公司章程：

（一）须以缅文编写。

（二）缅文版外可同时编写英文版。

（三）分章节有序编写。

第十七条　章程变更

在不违反本法和其他章程规定的条件下，公司可通过特殊决议对章程进行变更或补充，变更或补充的内容与原章程规定具有同等效力，同时也可通过特殊决议再次变更。

第十八条　变更程序

（一）公司应自做出变更特殊决议之日起28日内按规定格式向注册官发送通知，并附上一份变更的公司章程复印件，注册官须对该事项进行登记。注册证应作为完全遵照本法有关变更条款的效力依据，变更后的章程为公司章程。

（二）法院可按照其认为合适的期间，通过发布命令方式要求将向注册官提交文件的时间进行延长。

第十九条　未在28日内登记变更内容的影响

未按第十八条规定程序进行章程变更的，变更无效。

第二十条　章程变更的效力

无论公司章程如何规定，以下章程变更内容无效：公司股东成为公司股东后，变更要求该股东获得或购入的股份多于变更时其所持有的股份，或需要其增加股本投入或资金投入的责任。

公司股东在章程变更前或变更完成时书面同意须适用变更内容的，不适用本条规定。

第二十一条 向公司股东递送章程副本

股东若要求公司提供章程副本，公司应在该要求提出后 14 日内，在收取未超过规定数额费用后向该股东提供。

第二十二条 公司违反上述第二十一条规定的，每项处罚款 10 万缅元。

第二十三条 章程变更应在所有副本中标注

公司章程变更的，变更后发布的章程的所有副本应与变更内容相符。

第二十四条 公司章程变更完成后，变更之日后发布的章程与变更内容不相符的，每份章程副本处罚款 10 万缅元。公司董事或其他管理人员故意违反上述规定的，给予上述相同处罚。

第六章　公司名称

第二十五条 公司名称及更名

（一）公司向注册官申请注册的名称不应与已注册法人团体名称相同或以欺骗、误导、混淆为目的的类似名称进行注册，该法人团体处于解散程序并向注册官提供其同意书的除外。

（二）若公司因疏忽大意或其他方式未经上述同意，注册的名称与已注册的法人团体名称相同或以欺骗、误导、混淆为目的的类似名称进行注册的，该法人团体可按注册官要求更改其公司名称。

（三）未经联邦部长书面事前同意，任何公司不得使用包含下述词语的名称注册：

1. 包含"国家政府""国家""中央银行""联邦政府""总统""部委"或缅甸联邦政府或缅甸任何国家部委、局、单位或机构提议或赞助的词语的名称；

2. 包含"市政"或会被当作以国家命令组建的任何机构、省邦政府机构、地方政府机构、社会团体或依照其他任何相关法律成立的任何法人团体的词语的名称。

（四）在遵守本法前提下，公司通过特殊决议并向注册官提交规定格式的通知后，可对公司进行更名。该通知须在特殊决议做出后 28 日内提交。

（五）公司进行更名时，若新名称可用且不违反本法或其他法律规定的，注册官应在注册登记册中将旧名称替换为新名称，并颁发与该变更相适应的公司注册证。新注册证颁发之时起，更名即生效。

（六）未按照本条第（四）、（五）款规定办理更名登记的，不得正式使用上述名称。关于更名的特殊决议做出后 28 日内未注册的，更名无效。

（七）更名对公司的任何权利或责任不造成影响，也不对公司提起或对公司提起的诉讼程序产生瑕疵，以原有公司名称继续的或开始提起的任何诉讼程序可以以新名称继续。

第二十六条　更名指示

（一）注册官有适当理由认为公司已注册的名称不应注册的，可以通过书面形式向公司发送要求公司在规定时间内更名的通知，该时间指自通知发出之日起不应少于 60 日。

（二）若公司未在通知的规定时间内进行更名，注册官可将其为该公司选择的新名称登记于注册登记册，该新名称则应视为按本部分规定可注册的名称。

（三）注册官依照本条第（二）款规定予以注册新名称的，应对新名称做好记录并颁发公司注册证，公司新名称注册与按第二十五条规定更名具有同等效力。

第二十七条　公司名称的使用

公司应在下述事项中清楚注明本公司名称：

（一）公司或公司代表对外发送的所有书面通信；

（二）公司或公司代表发布或签署的，证明或创设公司法律义务的所有文件。

第七章　公司交易

第二十八条　行为的有效性

（一）在不影响本法情况下，公司不得仅因其没有能力、权利或权力从事某项行为、进行财产转让与受让而导致以上行为无效。

（二）某一行为无法使公司利益最大化的事实不得影响公司从事该行为的能力。

第二十九条　合同和文件执行

（一）公司可明示或暗示自然人代表公司进行合同的订立、变更、签署、执行，法律规定有特别程序的除外。以上权力的行使可不使用公章。

（二）文件由下述人员签署时，公司可不用加盖公章：

1.仅有一名董事的公司的该名董事；

2.公司的两名董事；

3.公司的一名董事和公司秘书。

（三）公司可经下述人员见证并通过加盖公章执行文件：

1.仅有一名董事的公司的该名董事；

2.公司的两名董事；

3.公司的一名董事和公司秘书。

（四）若某项文件被表述为合同执行，公司可将该文件作为合同执行，且应按照本条第（二）、（三）款规定执行。

（五）本条规定不得限制公司执行文件（包括合同）的方式，包括本法规定的方式。

第三十条　公司与他人间交易

（一）自然人与公司从事交易行为时，可做出第三十一条规定中所述的假设。在法律程序中，公司或其担保人无权主张与该公司上述交易行为相关的上述假设不正确。

（二）自然人在与已经获得或声称获得公司财产所有权的其他自然人从事交易行为时，有权将第三十一条中的假设作为依据。在法律程序中，公司或其他自然人无权主张上述交易的上述假设不正确。

（三）即使公司的董事、管理人员或代理人在交易行为中有欺诈行为或伪造文件行为，也可做出以上假设。

（四）与公司交易时明知或怀疑以下事项时，任何人不应做出第三十一条规定中的假设：

1. 假设为错误的；

2. 公司董事、管理人员或代理人存在欺诈行为的；

3. 相关文件资料属伪造的；

4. 所述事项与任何相关法律相违背的。

第三十一条　自然人与公司交易时可做出的假设：

（一）假设公司章程被遵守。

（二）假设注册登记册中所记录的公司董事或秘书为：

1. 正式委任；

2. 有权行使公司的董事或秘书（若有）通常可行使的权力或责任。

（三）假设公司对外表现出的其他管理人员或代理人为：

1. 正式委任；

2. 有权行使公司其他管理人员或代理人通常可行使的权力和责任。

（四）即使通常认为公司董事、秘书、其他管理人员或代理人无权行使某项权力和责任，但若公司对外表现出以上人员有以上权力和责任，也可做出该假设。

（五）假设公司的董事、秘书、其他管理人员和代理人适当履行了与公司相关的责任。

（六）若依照第二十九条第（二）款规定签订了相关文件，可假设公司已适当履行了该文件。

（七）若依照第二十九条第（三）款规定对文件加盖公章或见证的，可假设公司已正式履行了该文件。

（八）有权代表公司签发文件或认证的文件副本的公司董事、秘书、其他管理人员或代理人，可假设以上人员有权保证上述文件或认证的文件副本的真实性。

第八章　公司注册前的活动

第三十二条　公司成立前的费用

依照本章条款，公司成立注册前实际产生的合理费用可由公司资产支付。

第三十三条　公司成立前签订的合同

（一）本条及第三十四至三十六条规定中所述的公司成立前签订的合同指：

1. 公司成立前以公司名义签订的合同；

2. 自公司成立前及考虑成立公司之时由自然人代表公司签订的合同。

（二）公司成立前签订的合同，合同中明确规定追认期限的，公司可在规定期限内追认；没有明确规定追认期限的，可在公司成立后的适当期限内进行追认。

（三）公司追认成立前的合同是有效可执行的，则视为公司在合同签订时已成为合同一方。

（四）公司董事经过董事会决议通过后可追认公司成立前的合同，也可根据第二十九条规定的代表公司签订协议的其他方式进行追认。

（五）若公司成立前的合同未被公司认可或未被法院依照第三十五条进行效力确认的，公司不得履行合同或从中获益。

第三十四条　公司成立前签订的合同中的隐含担保条款

（一）除公司成立前签订的合同中明文规定外，有意订立公司成立前合同的人员应有以下隐含担保：

1. 将在合同规定的期限内设立公司；或合同未规定期限的，将在合同签订后适当的期限内设立公司；

2. 公司将在合同规定期限内对合同进行追认；或合同未规定期限的，将在公司成立后的适当期限内追认。

（二）在违反本条第（一）款规定所述隐含担保条款的诉讼中应得赔偿数额，应与合同签订又被撤销后公司未履行合同义务获得的赔偿金额相同。

（三）依照第三十三条规定追认的合同除外，公司成立后，公司订立与公司成立前的合同条款相同或替代公司成立前的合同条款的，本条第（一）款项下个人责任（包括法院就第（一）款赔偿发布的命令规定的负债责任）应予以免除。

第三十五条　未被追认的合同

（一）公司成立前合同的一方可对公司成立后未追认的合同向法院申请获得下述命令：

1. 要求公司向合同相对方返还财产，包括土地与其他财产；

2. 获得合同相对方上述财产相关的或合同相关的其他救济；

3. 裁决合同全部或部分内容生效。

（二）无论是否已依照第三十四条第（二）款规定发布命令，法院可按公平合理原则下发合适的命令或给予其他救济。

第三十六条　违反公司成立前签订的合同

针对公司违反批准通过的公司成立前签订的合同提起的诉讼，法院可依据公司或诉讼中的其他合同方的申请，或自身调查发现针对公司或合同签订个人下发赔偿命令，或给予法院认为合适的救济。

第九章 依照本法注册或视为注册的 其他法人团体

依照缅甸境内其他有效法律成立的法人团体

第三十七条 可注册的法人团体

（一）依据本章例外情况和规定，按照缅甸境内其他有效法律成立的法人团体可依照本法注册为无限责任公司、股份有限责任公司或担保责任有限公司；以清算前述法人团体为目的的注册不得视为无效。

（二）依照《特别公司法》或旧法颁布前任何其他公司法条例成立的，本法颁布后继续存在的法人团体，应按所需要求依照本法注册为股份有限责任公司。

（三）第三十七条第（一）款和第（二）款、第三十八条和第三十九条规定不适用于外国法人团体。

第三十八条 法人团体名称中加上"有限"二字

依照本法注册有限责任公司时，应在法人团体名称后加上"有限""公众有限公司"或第六章所述类似词语。

第三十九条 现有法人团体注册证

依照本章及本法有关注册条款缴纳规定的申请费用后，注册官须依照本法将法人在登记簿进行登记，自登记之日起，该法人视为依照本法注册成立的法人团体，并永久存续且可按需持有公章。

商业协会

第四十条 协会限制条件

除其他可适用的法律规定外：

（一）不得依照本法成立以该协会或该协会成员获利为目的的从事其他商业活动的协会。

（二）从事违反本条规定的商业活动的协会成员，应对上述商业活动承担责任。

第四十一条 违反第四十条规定成立的任何协会的成员，处罚款 15 万缅元。

第四十二条 注册从事商业活动和类似目的协会的权力

（一）可作为有限责任公司成立的协会，以商业活动或其他经济发展目标为目的成立的或准备成立的，使用或计划使用该协会利润（若有）或其他收入达成以上目的，且限制向该协会成员分配某项利润的，注册官可在该协会名称中加入"股份有限责任公司"描述后颁发执照许可注册以上协会。

（二）注册官可依据本条按照相关规章或其认为合适的规定颁发执照，前述规定对所述协会具有约束力，注册官有相关要求的，协会应将该规定写入协会章程。

（三）协会注册完成后，除在名称中添加"有限"二字以外，应享有有限责任公司应享有的权利，并履行公司应承担的责任。

（四）注册官任何时候可对依照本条规定颁发的执照予以撤销，一经撤销，注册官应将该协会从登记簿中删除，该协会不再享受依照本条规定给予的特权和权利。撤销执照前，注册官应提前 28 日以书面形式向协会发送通知，协会认为不应被撤销的，可在上述通知规定的期限内进行申诉。

（五）注册官可：

1. 通过以注册官认为合理的规定对执照中应遵守的规定（若有）进行替换或增加的方式对执照进行变更。

2. 颁发新执照取代旧执照。

（六）联邦部长可就本条第（五）款规定中注册官对执照进行的变更、颁发或其他事项酌情决定并向注册官做出指示。

（七）其他法律对本条有具体规定的，适用其他法律。

注册外国法人

第四十三条　在缅甸境内从事商业活动的外国法人

（一）未按本章规定注册，外国法人或其他任何法人团体不得在缅甸境内从事商业活动。

（二）外国法人或法人团体在缅甸境内从事的下述活动不得视为在缅甸境内从事商业活动：

1. 作为或即将成为诉讼程序、解决诉讼程序或索赔或争议的一方当事人；

2. 召开董事会、股东会或从事内部管理活动；

3. 持有一个银行账户；

4. 通过独立合同方出售财产；

5. 因在缅甸境外接受订单而签订有约束力的合同；

6. 从事贷款、创设债务证明或财产负担；

7. 担保、收回债务或执行债务相关的有价证券；

8. 从事 30 日内即可完成的单次交易，反复多次开展的相似业务除外；

9. 投资基金或持有财产。

（三）注册官可适时就外国法人或其他法人团体是否可在缅甸境内从事某项商业活动发布指南，该指南不得违反本条规定。

（四）联邦部长可依据个人的申请或主动发现，在同等条件下，规定某法人或某类法人在缅甸境内是否可从事某项商业活动。

第四十四条　外国法人的名称

（一）外国法人向注册官申请注册的名称不应与已注册法人团体名称相同或以欺骗、误导、混淆为目的的类似名称进行注册，该法人团体处于解散程序且向注册官提供同意书的除外。为避免混淆，外国法人应在其名称后加上其国家名称或其他可明显区分的文字或词语。

（二）外国法人更名时，应在更名后 28 日内按规定格式就更名事宜上报注册官，本条第（一）款适用于更名注册所有变更，注册官应依照本法规定对更名予以登记。

（三）为确保外国法人注册的名称符合本法规定，需要时注册官可要求该外国法人更名，该外国法人应在收到注册官更名指示之日起两个月内按要求对名称进行更改。

第四十五条　外国法人违反第四十四条规定的，对该法人、所有董事及被授权人分别处罚款 15 万缅元。

第四十六条　交易有效性

外国法人未遵守第四十三条、第四十四条规定的行为，不影响该外国法人从事某项交易的有效性或可执行性。

第四十七条　申请注册

（一）外国法人应依照本部分规定向注册官提交注册申请，该申请应：

1. 按照规定格式申请；

2. 由外国法人或其代表签字。

（二）除本条第（一）款中规定内容以外，申请还应包括下述内容：

1. 外国法人的名称；

2. 提交申请之日外国法人的董事和秘书的姓名、出生年月、性别、国籍和住址；

3. 外国法人应注明已聘用被授权管理人员，并注明该被授权管理人员的姓名、出生年月和住址。上述人员即为外国法人授权代表其在缅甸境内收取相关文件及协议的代表；

4. 被授权管理人员同意作为外国法人被授权管理人员的书面同意书；

5. 外国法人在缅甸的完整注册地址；

6. 外国法人在缅甸境内从事商业活动的地址与注册地址不同的或在多地开展商业活动的，则提供主要营业地的完整地址；

7. 外国法人注册地址或该外国法人在其母国开展商业活动的主要营业地的完整地址；

8. 外国法人关于申请材料属实的声明；

9. 外国法人成立的证明材料、相关文件和章程复印件一份，上述材料若无缅文版，则须报送由代表法人的一名董事确认的英文简要说明和翻译成缅文的相关文件材料。

（三）提交申请时应向注册官支付规定的申请费用。

（四）申请、与申请文件一并提交的文件的副本原件、本条第（二）款第4项规定中的同意书的原件，应由被授权管理人员保存，并与外国法人档案一并存档。

第四十八条　依照第四十七条规定提交申请的申请人，申请材料存在不实的，应对外国法人处罚款500万缅元。

第四十九条　注册外国法人

（一）注册官依照本法规定对提交完整材料的外国法人的申请，应在本章所述注册登记册的相关部分予以登记。此外，应颁发包括下述内容的注册证：

1. 法人名称；

2. 法人团体依照本法注册为外国法人团体；

3. 注册日期；

4. 规定的其他事项。

（二）注册官应在注册登记册内记录注册事项。

（三）除为了解外国法人的良好营运现状要求其提供相关材料外，注册官不得要求其提供其他资料，第四十七条规定的内容或联邦部长要求提供的除外。

第五十条　外国法人名称的使用

在缅甸境内从事商业活动的外国法人在下述事项中应明确法人名称全称及成立所在国的名称：

（一）法人或法人代表发送的书面信函。

（二）公司或代表公司发布或签署的，证明或创设公司法律义务的所有文件。

（三）在注册办公室和在缅甸境内主要营业地进行明示。

第五十一条　变更详细信息

在缅甸境内从事商业活动的外国法人应在28日内就下述事项的变更按

规定格式向注册官发送变更通知：

（一）变更外国法人成立文件或章程的。

（二）变更外国法人董事、董事姓名及住址的。

（三）变更外国法人注册地址或其在国外的主要营业地的。

（四）变更外国法人在缅甸境内的注册地址或主要营业地的，应在变更以上地址前发送变更通知。

（五）被授权人及其地址变更、聘请代表外国法人在缅甸境内接收文件及合同文件的其他任何代表的变更或该代表详细信息变更的，应在 7 日内就上述变更发送变更通知。

第五十二条　违反第五十一条规定的外国法人，应对该外国法人、其董事和被授权管理人员分别处罚款 25 万缅元。

第五十三条　外国法人每年需提交的文件

（一）在缅甸境内从事商业活动的外国法人须向注册官提交下述文件：

1. 财年结束 28 日内按规定格式编制的年度报告；

2. 至少每个日历年且间隔不超过 15 个月提交依照其母国法律规定格式及详细内容编制的下述文件的副本：

（1）上一财年结束时编制的资产负债表；

（2）上一财年现金流量表副本一份；

（3）上一财年损益表副本一份。

（二）外国法人按照其母国法律无须依照本条第（一）款规定提交所述材料的，注册官可要求其提供第（一）款中与其在缅甸境内从事的商业活动相关的财务文件。同时，外国法人应按照依本法成立的公众公司的要求，以上述格式或其他方式规定的格式编制并提交上述文件。注册官根据本款规定进行酌情决定时，可依据外国法人在缅甸境内所开展的商业活动决定是否可归为小型公司。

（三）注册官可要求对依照本条规定提交的任何财务文件进行审计，注册官根据本款规定进行酌情决定时，可依据外国法人在缅甸境内所开展的商业活动决定是否可归为小型公司。

第五十四条 未遵照第五十三条规定落实相关事项的外国法人，针对每项违反事项，对该法人、该法人的董事及被授权管理人员分别处罚款 25 万缅元。

第五十五条 停止在缅甸境内的商业活动的外国法人

（一）外国法人停止在缅甸境内商业活动后 21 日内，应按照规定格式向注册官发送停业通知，注册官确信该外国法人遵守其他法律条款的，应将该外国法人从登记簿中删除。

（二）注册官有理由认为外国法人并未在缅甸境内开展商业活动的，注册官可就调查发现向外国法人发送通知。通知中应注明自通知之日起 28 日内未予以任何回复的，该外国法人将从登记簿中删除并在国家公报上予以公布。

（三）注册官自通知发出之日起 28 日内未收到外国法人有关继续在缅甸境内开展商业活动的回函的，可再次发送通知，并可在国家公报上予以发布。在该通知中应注明自通知发出之日起满 3 个月后未出现其他因素的，该法人将从登记簿中删除。

（四）在依照本条第（三）款规定发出的通知规定期限结束时，未出现其他因素的，注册官可将外国法人的名称从登记簿中删除并在国家公报上发布删除通知。

（五）注册官在收到本法第五部分规定中官方清算人发送的通知后，应将外国法人从登记簿中删除。

（六）外国法人在其母国开始清算、被解散或被撤销注册的：

1. 自上述所述之日起 28 日内，被授权人应就上述事项按规定格式向注册官发送通知；委托清算人的，应按规定格式就委托事宜向注册官发送通知；

2. 应外国法人在其母国委任的清算人或注册官申请，法院应为外国法人在缅甸境内指定一名清算人。

（七）收到被授权人发送的有关外国法人已解散或已撤销注册的通知后，注册官应将该外国法人名称从登记簿中删除。

（八）法院为外国法人指定的清算人：

1. 在外国法人财产尚未进行分配前，应在整个缅甸境内发行的任何日报上刊登邀请所有债权人在合理时间内向外国法人提出债权请求的公告。

2. 未获法院批准，不得损害其他债权人债权向某债权人偿还债务。

3. 除法院另有裁决外，应将缅甸境内所属外国法人财产恢复或出售中所得款项的净收入交给该法人在其母国委任的清算人。

（九）外国法人在缅甸境内的业务取消时，未委任其母国清算人的，清算人可申请法院下发交付本条第（八）款规定中所得资金的某项命令。

第五十六条　发送依照本法注册的外国法人的相关文件

（一）向外国法人投递文件至以下地址：

1. 缅甸境内注册的办公室；

2. 被授权人的地址。

任何情况下，都应送达本法通知的地址。

（二）在不违反本条第（一）款规定的情况下，外国法人具有两名或两名以上董事常驻缅甸境内的，在向该外国法人投递文件时，可向至少两名董事各发送一份文件副本。

（三）可将应投递外国法人的文件亲自送至或邮寄至外国法人聘请的清算人（已聘用的）发送的通知中所含的最新地址。

（四）本条不影响法院批准依照其他法律向外国法人递送文件的权力。

第十章　变更公司类型

第五十七条　公司类型变更

（一）依照本章规定，公司可通过做出特殊决议的方式更改公司类型。

（二）依照本章规定可进行以下公司类型变更：

1. 将私人公司变更为公众公司；

2. 将公众公司变更为私人公司；

3. 将担保责任有限公司变更为公众公司或私人公司；

4. 将无限责任公司变更为公众公司或私人公司。

第五十八条　变更类型的申请

（一）公司申请变更公司类型时，应向注册官提交规定格式的申请和下述材料：

1. 进行公司新类型变更和更名的，应提供做出关于公司变更新名称和类型的特殊决议的说明；

2. 对公司章程（若有）进行变更的，应提供做出关于公司章程变更的特殊决议的说明以及变更后的章程副本一份（公司拟使用的章程与章程模板有实质不同的）；

3. 因公司类型变更导致登记簿所登记该公司详细信息之处的其他信息变更的说明；

4. 担保责任有限公司变更为私人或公众公司事宜：

（1）公司董事关于变更公司类型不会对债权人造成重大影响的陈述及其理由说明；

（2）担保责任有限公司未设股本的，则提交第六条第（二）款第 8 项中所需资料在内的陈述说明和关于已做出发行股份的特殊决议的书面说明。

（二）公司应在国家公报及整个缅甸境内发行的任何日报上就已向注册官上报申请更改其公司类型的事实进行公告。

（三）公司依照本条第（二）款规定发布公告时应包含以下内容：注册官认为公司提交的申请符合本条第（一）款规定，且法院未发布命令禁止的，公告后 28 日内，将对公司类型进行变更。

（四）28 日内未收到法院任何命令的，注册官认为公司申请文件符合本条第（一）款规定且接收申请文件的，应在 28 日结束后在登记簿中将该公司类型更改为新类型，并对相关详细资料进行更改。

（五）注册官在登记簿中对公司类型变更等详细资料进行更改时，依照本条规定进行的公司类型变更生效。注册官在登记簿中更改完公司注册详细资料后，应向公司颁发新的注册证，公司名称以依照本条规定颁发的注册证上注明的名称为准。

第五十九条　公司类型变更的效力

（一）公司类型变更不会：

1. 创设新的法律实体；

2. 影响公司现有财产、权利和义务（影响股东身份除外）；

3. 影响公司或公司股东正在进行的诉讼程序。

（二）将担保责任有限公司变更为股份有限责任公司时：

1. 取消股东或之前股东在公司清算时的担保责任；

2. 股东身份由担保或协议提供担保而产生的，股东身份终止；前述人员自公司认购股份的，继续作为公司股东；

3. 若向第五十八条第（一）款第 4 项第（2）款规定中的股东名单内的个人发行股份的，视为下述情况：

（1）股份视为发行给此人；

（2）此人同意作为公司股东；

（3）此人为公司的一名股东。

第十一章　股份和其他证券

股　本

第六十条　*股份及其他证券的性质*

（一）按照本法、其他相关法律、公司章程允许方式，公司所有股东的股份或其他证券是可进行转让的动产。

（二）股份无名义价值或票面价值。

第六十一条　*股份之上的权利和权力*

（一）依照本条第（二）款规定，公司股份赋予持有人享有下述权利：

1. 对公司任何会议决议享有一票投票权；

2. 按照所持股份分红；

3. 在公司资产分配中，按所持股份分配。

（二）可在公司章程或股份发行规定中对本条第（一）款中的权利进行否决、变更或补充。

第六十二条　*公司股份及证券的种类*

（一）本法或其他任何相关法律或公司章程或股份发行规定赋予公司有权发行股份或其他证券并制定发行股份或其他证券的规定的权力，同时有权决定：

1. 股份的种类；

2. 可赎回的股份；

3. 具有资本或收入分配优先权或限制权的股份；

4. 具有特殊、有限或有条件表决权的股份；

5. 无表决权的股份。

（二）依照本法、相关法律、公司章程和股份发行规定，公司可发行：

1. 股份期权；

2. 可转换为股份的其他证券；

3. 其他权益。

第六十三条　股份的发行

（一）依照公司章程、本法和其他法律的规定，公司董事会可随时制定规定向任何个人发行任何数量的股份或其他证券。

（二）依照公司章程规定，股份可全额购买或部分购买。部分购买的，股份发行规定应明确缴付的时间和明确股东有责任缴付上述资金的内容。

（三）若董事决定通过增发股份的方式增加股本，公司章程可规定增发的股份（不论类别）应在股东中按现有持股比例分配。

第六十四条　代价发行股份

（一）可通过董事会决定的方式对发行的股份进行定价。

（二）使用非现金方式对股份进行定价时，董事会应：

1. 做好区分该定价的详细记录；

2. 决定代价发行股份的合理货币价值，并对定价和评估依据进行记录；

3. 确定出现下述情况的，可定价：

（1）股份发行的定价和规定对公司以及现有股东都公平合理；

（2）上述定价的现有货币价值不少于股份发行所获收入。

（三）以现金以外的其他方式进行代价股份认购的，应依法对此事项签订的协议承担印花税，并在公司账簿和档案中记录保存。

第六十五条　违反第六十四条第（二）款规定的，每名董事应分别处罚款 25 万缅元。

第六十六条　非现金定价的例外事项

第六十四条第（二）款规定不适用于下述事项：

（一）行使购买公司股份的期权。

（二）其他证券转换为公司股份的转换行为。

（三）向持有同种类股份的持有人根据其持股比例，发行以公司准备金全额缴足的股份。

（四）对公司股份或任何种类股份按与其股份或股份种类同等比例进行合股和分股的。

（五）对公司股份或任何种类股份按与该股份或该种类股份同等份额的比例进行再次分股。

第六十七条　可转换证券发行的定价

（一）公司发行的股份期权或其他可转换证券进行定价的方式由董事会决定。

（二）若发行的期权、其他可转换证券、后期以该期权和可转换证券交换或发行的股份的定价是以非现金形式做出，则董事会应：

1. 做好区分该定价的详细记录；

2. 决定股份期权、可转换证券以及后期以该期权和可转换证券交换或发行的股份进行定价的适当的现行货币价值，并对定价和评估依据做好记录；

3. 确定出现下述情形的，可定价：

（1）期权或其他可转换证券或后期以该期权或证券交换或发行的股份的定价或规定对公司及该公司现有股东都公平合理；

（2）前述定价的现行货币价值不少于发行期权或其他证券或股份所获得的收入。

（三）以现金以外的其他形式对期权或其他可转换证券的认购进行定价的，应依法对此事项签订的协议承担印花税，并在公司账簿和档案中记录保存。

第六十八条　违反第六十七条第（二）款规定的，每名董事应分别处罚款 25 万缅元。

第六十九条　公司发行影响责任股份时，非经本人事先书面同意成为股东，发行增加或产生责任的股份无效。

第七十条 公司安排缴付不同金额股份的权力

公司根据其公司章程可进行任何或全部下述事项：

（一）做出在股东之间发行股份认缴金额和认缴时间有差别的股份的安排。

（二）即使未要求就股份认缴金额的部分金额进行缴付，也可接收股东就其所持有股份未缴付金额部分进行的全部或部分缴付。

（三）可依照每股股份支付金额比例进行分红。

第七十一条 证券发行的时间和记录

（一）自发行股份或其他证券之日起21日内，公司应：

1. 将上述内容补充更新至登记簿；

2. 按照规定格式就发行股份或其他证券事宜通知注册官，通知须注明上述股份或其他证券的发行认缴价值以及是否已全额或部分缴付。

（二）持有人姓名记入登记簿后即视为已向其发行股份或其他证券。

（三）未按本条规定进行的行为，不影响股份或其他证券发行的有效性。

第七十二条 公司违反第七十一条规定的，对故意违反该规定的每名董事分别处罚款25万缅元。

优先股

第七十三条 发行优先股的要求

若有关下述事项的优先股权利在公司章程中列明或上述股份权利由公司特殊决议通过，公司可发行优先股：

（一）偿付股本。

（二）参与剩余资产及利润的。

（三）累积和非累积分红。

（四）表决。

（五）优先于其他股份或其他种类的优先股进行股本支付和分红。

（六）股份是否可赎回以及赎回（若有）的规定。

第七十四条　赎回可赎回的优先股

（一）可赎回优先股指依据发行条件发行的可赎回优先股。

（二）依照本条第（三）款规定，可通过下述方式赎回可赎回优先股：

1. 在任何特定时间或特定事项出现时；

2. 公司选择赎回时；

3. 股东选择赎回时。

（三）仅在下列情形下，公司可赎回优先股：

1. 股份已全额支付；

2. 以盈利为目的或为发行新股为目的而进行的赎回；

3. 董事有理由确定执行赎回后公司可通过债务偿付能力测试。

（四）根据本条第（三）款规定决议通过的，所述金额即为在规定日期内应赎回的金额。

（五）可赎回优先股在完成赎回后失效。

（六）公司在对可赎回优先股进行赎回后 21 日内应按规定格式就赎回事宜通知注册官。

（七）未履行本法规定的行为不影响对可赎回优先股执行赎回的有效性。

第七十五条　公司违反第七十四条规定的，对故意违反规定的每名董事分别处罚款 25 万缅元。

债　券

第七十六条　永续债券

载于任何债券或载于任何债券合约的条件（不论此等债券或合约是在本法生效之前或之后发行或签立的），任何时候不得以任何原因仅以该等债券因该项条件而不可赎回或只在有事件发生时始可赎回为理由而无效。

第七十七条　特定情形下再次发行赎回债券的权力

（一）公司在对已发行的债券进行赎回后，无论在本法颁布前还是颁布后，除非公司章程或发行条件不允许，公司始终有权为再次发行的目的保持债券有效。若公司有意行使以上权力，公司可通过发行同类债券或其他债券形式实现再次发行债券。再次发行的债券的权利人拥有的权利和优先权与该债券初始发行时一致。

（二）为再次发行债券以保持债券有效的目的，在本法颁布之前或颁布之后将上述债券转让给被提名人时，该被提名人进行的转让应视为依照本条目标进行的再次发行。

（三）再次发行任何债券或依照本条规定赋予公司或公司享有的权利发行代替该债券的其他债券的，无论在本法颁布前还是颁布后进行的再次发行或首次发行，涉及印花税事宜的，应视为发行新债券。但该情况不适用限制发行债券金额或数量的规定；依照本条规定在再次发行的债券上进行借款的，在任何法律程序中都可将该债券作为证据提交以实现其担保而无须承担印花税或与之相关的任何处罚；因其明知或疏忽大意未贴印花税票的，该债券不得作为证据呈送，但公司有责任承担相应的印花税和处罚。

（四）本条任何规定不得影响公司发行代替已全额缴付的债券、其他方式满足缴付的债券、无效债券的其他债券或证券的权力。

第七十八条 强制履行认购债券的合同

与公司订立的获得或缴付公司任何债券的协议可由专项执行命令强制履行。

认股权证的过渡条款

第七十九条 认股权证的效力

依照第八十一条和第八十二条规定，在本法生效时已发行的认股权证赋予持有人证书所注明的股份或证券的所有权，股份或证券可由认股权证的取消而转让。

第八十条 认股权证持有人姓名的登记

依照第八十一条和第八十二条规定及公司章程规定，认股权证持有人在交付认股权证以取消时，有权将自己的名字登记为公司股东；因认股权证持有人未交还并注销认股权证，且在公司股东登记簿中登记该认股权证持有人姓名导致损失的，由公司承担。

第八十一条　本法生效后不得再发行认股权证

本法生效后，任何公司不得发行认股权证。

第八十二条　认股权证的逐步取消

（一）本法生效前已发行的认股权证未交还的，在过渡期或本条第（三）款规定的其他期限截止前按该认股权证所含要求继续有效。规定的期限结束后该认股权证则视为交还并取消。

（二）按照本条第（一）款规定取消认股权证的，公司不承担因取消给他人带来的任何损失。

（三）公司提出书面申请的，注册官可对本条第（一）款规定的期限进行延长。若过渡期结束，注册官有理由认为认股权证的取消对公司利益最大化产生影响的，注册官可对相关认股权证的使用做出附带安排。

第十二章　股份和其他证券的转让

第八十三条　转让条件

（一）依照公司章程规定且不影响其他任何相关法律条款的情况下，可通过将受让人姓名记入第十三章规定中的公司相关登记簿的形式对股份和公司其他登记权益进行转让。

（二）让与人或受让人均可就股份或公司其他登记权益转让事宜申请登记。依照本条第（三）（四）款规定，公司应将受让人姓名和第十三章规定所需其他信息记入相关登记簿。

（三）除非其他相关法律另有规定，否则，股份或其他登记权益转让文件应按规定格式完成印花税票粘贴并由让与人和受让人签字后方可登记转让，同时应向公司移交下述材料：

1. 拟转让股份或权益的相关证明文件；

2. 让与人或受让人或二者共同出具的有关因转让引起任何外国法人或其他外国自然人或二者共同取得或停止公司的任何股份权益的声明。

（四）经章程或相关证券条款明确授权及本法或其他现行法律允许，若董事会收到本条规定的转让申请及相关材料 21 日内通过决议方式对转让进行拒绝的，公司可就该转让进行拒绝。董事会应在决议通过 7 日内将该决议以及拒绝转让申请的原因告知让与人和受让人。

（五）本条第（三）款中的规定不得影响将股份或权益的依法受让人作为股东或公司所属登记权益持有人记入登记簿的公司权力。

第八十四条 未履行第八十三条第（三）（四）款规定的，应对故意违反规定的董事分别处罚款 15 万缅元。

第八十五条 受让人或让与人在依照第八十三条第（三）款第 2 项规定提供声明时，因故意或疏忽大意提供不实内容的，应分别处罚款 75 万缅元。

第八十六条 股份和其他权益的转让登记

（一）公司应在股份或可登记权益转让登记 21 日内，按规定格式向注册官发送转让通知。

（二）公司因转让成为外国公司或不再是外国公司的，应在通知中予以说明。

（三）未履行本条规定的行为不影响股份或可登记权益转让的效力。

第八十七条 公司未履行第八十六条规定的，应对故意违反规定的每名董事分别处罚款 75 万缅元。

第八十八条 通过法定代表进行转让

公司已故股东或尚持有其他权益的已故之人的股份或其他权益，由其法定代表进行转让的，该法定代表即使不属于权益相关公司股东或持有人，在签订转让协议时，与权益相关公司股东或持有人具有同等效力。

第十三章　登记簿和公司权益证明

第八十九条　股份证书的所有权证明

（一）包含公司股东所持股份或其他证券的说明，并依照第二十九条规定加盖了公司印章或以其他方式进行签字的证书应成为证实上述股份或证券所列明公司股东的所有权的表面证据。

（二）除非发行股份、债券、信用债券及其他可登记权益相关法律另有规定，否则，公司应在登记完成公司股份、债券、信用债券或其他登记权益分配或转让后的 28 日内完成证书发放准备。

（三）依照本条第（二）款规定发放的证书应注明下述内容：

1.公司名称；

2.公司注册地址；

3.与股份证书相关的，应注明股份数量、股份种类、股份已缴金额、股份未缴金额（若有）与已缴金额的百分比例；

4.与登记权益相关的，应注明上述证券的数量、种类和已缴金额；作为可转换为股份的证券，应注明可转换的股份或其他权益的数量。

（四）未履行本条规定的行为不得影响股份或登记权益持有人的权利。

第九十条　股东登记簿

（一）在公司成立申请中提名为公司股东的人员应视为其已经同意成为公司股东，该公司在注册时应将上述人员作为公司股东登记入公司股东登记簿。

（二）同意作为公司股东并将其姓名记入公司股东登记簿的人员即为公司股东。

（三）依照其他相关法律规定，所有公司应保存包含本公司股东最新信息的登记簿，并将下述信息登记入前述登记簿：

1.公司股东的姓名、住址和国籍；

2. 将任何人作为公司股东登记入公司股东登记簿的日期；

3. 任何人不再作为公司股东的日期。

（四）依照其他任何相关法律规定，公司持有股本的，应依照其他相关法律在该公司股东登记簿中注明下述内容：

1. 发行股份的日期；

2. 每次发行的股份数量；

3. 每名公司股东持有的股份；

4. 股份种类；

5. 股份代码和股份证书代码；

6. 股份认缴金额；

7. 股份是否全额认缴；

8. 未完成股份缴付的，注明未缴付金额。

第九十一条　公司股东索引

（一）人数超过 50 人的公司，公司股东登记簿不属于索引形式的，应编制公司股东名称最新索引，并应自公司股东登记簿做出任何变更之日起 14 日内对索引进行相应变更。

（二）公司股东索引应记录足够索引信息以便快捷查询。

第九十二条　期权持有人登记簿

（一）依照其他法律规定，对尚未发行的股份或其他权益发行期权的公司，应编制包括下述信息的期权持有人登记簿：

1. 公司期权持有人的姓名、住址和国籍，以及发行期权的股份或其他权益的数量和说明；

2. 将任何人作为股份期权持有人登记入登记簿的日期；

3. 行使期权的期间或时间；

4. 行使期权前应产生的任何事件；

5. 认购期权应缴金额；

6. 行使期权应缴金额或上述金额的确定方式；

7. 任何人不再作为期权持有人的日期。

（二）在行使期权或期权到期时，应保持期权持有人登记簿的补充更新。

（三）自然人对期权进行转让的，只有该自然人向公司发送转让通知时，公司才需就期权转让事宜在期权持有人登记簿中进行补充更新。公司未在登记簿中对期权转让事宜进行更新的行为不得影响期权转让的效力。

第九十三条　债券持有人登记簿

发行债券的公司应依照其他任何相关法律编制包括下述信息在内的债券持有人登记簿：

（一）债券持有人的姓名、住址和国籍，以及向持有人发行的或其持有的债券的数量和说明；

（二）将任何人作为债券持有人记入登记簿的日期；

（三）任何人不再作为债券持有人的日期。

第九十四条　其他权益的登记簿

（一）依照其他相关法律，公司应针对其股本所属其他任何权益或发行的权益性证券编制包含下述信息的登记簿：

1. 权益持有人的姓名、住址和国籍，以及向该持有人发行或该持有人持有的权益的数量和说明；

2. 将任何人作为权益持有人记入登记簿的日期；

3. 任何人不再作为权益持有人的日期；

4. 权益到期、行使或转换的详细信息。

（二）本条所述任何权益的登记簿，若为可转换为公司股份的证券持有人的登记簿，应在权益转换或权益到期时对上述登记簿按最新信息进行补充更新。

（三）个人就权益转让事宜向公司发送转让通知时，公司需就登记簿登记的权益转让事宜在本条第（二）款规定所述的种类相关的登记簿中按最新信息进行补充更新。公司未将权益转让事宜记入登记簿的行为不影响权益转让的效力。

第九十五条　保存于公司注册地点的登记簿和索引

（一）本章规定应保存的公司相关登记簿和索引应按照本条第（二）（三）

款规定存放于公司注册地点或主要营业地。

（二）公司可聘请缅甸境内的任何人负责保管公司的登记簿和索引，该被聘用人员可代表公司将公司登记簿和索引存放在其办公地点。

（三）将公司登记簿和索引存放于公司注册地点或主要营业地以外的任何地点的，公司应自存放之日起21日内按规定格式就存放地点向注册官发送通知。此外，公司登记簿和索引存放地点发生变更的，应自变更之日起21日内按规定格式向注册官发送通知。

第九十六条　登记簿变更通知

（一）公司应依照第九十条规定按规定格式就公司股东登记簿变更详细信息向注册官发送通知。

（二）应自相关变更做出之日起21日内报送通知。

第九十七条　年度报告、股东名单及摘要

（一）所有公司自成立之日起两个月内和在此之后的每年（但不得晚于公司成立周年结束后一个月）至少一次，应按照规定格式向注册官报送包括公司详情在内的年度报告。

（二）年度报告应包括下述信息，相关法律另有规定的除外：

1.公司注册名称；

2.公司注册代码；

3.公司注册地址，若公司股东登记簿存放于其他地方的，则注明该存放地址；

4.若为公众公司，应包括公司50名大股东的名单或公司股东人数在50人以下的股东名单及其姓名、住址、国籍和所持有的股份数量；

5.为其他公司类型的，应包括公司股东名单及其姓名、住址、国籍、拥有的股份数量，以及自最近一次年度报告提交之日起不再作为公司股东的名单；

6.公司举行最后一次股东大会的日期（若有）；

7.公司财务报表编制之日和公司年度报告发布之日公司的主要营业活动的详情；

8. 以现金发行的股份或以非现金方式全额或部分发行的股份的分类摘要；

9. 公司股本总额及股份数量；

10. 每股认缴金额；

11. 最后一次年度报告编制日之后放弃或取消的股份总数；

12. 最后一次年度报告编制之日后公司成为外国公司或不再是外国公司的原因和变更日期；

13. 公司子公司、控股公司、最终控股公司的名称；

14. 年度报告编制之日公司董事及秘书的姓名、住址、性别、国籍，以及最后一次年度报告编制后前述人员的变更、相关变更信息及变更日期；

15. 关于已完成依照本法规定须向注册官上报登记的抵押及财产负担的确认文件；

16. 适时规定的其他材料。

（三）除向注册官提交上述材料外，上述目录和总结应作为公司股东登记簿的单独部分记入登记簿。与登记簿一同保存的年度报告及副本应由公司一名董事或秘书签字，并注明名单和总结所含信息截止所述之日均属实。

（四）私人公司的一名董事、秘书或其他管理人员签字的证明应与本条第（一）款规定中所需的年度报告一并提交。证明中应明确注明在最后一次年度报告编制之日后或公司成立之日后（该年度报告为第一次编制的年度报告的）公司未针对股份或债券向公众发出任何认购邀请。

第九十八条　不得记入登记簿的信托

（一）任何任意信托、法定信托不得登记入登记簿，注册官也不得接收。

（二）无论本条第（一）款如何规定，在登记簿中作为股份或权益现有持有人登记的已故人员的法定代表，经公司同意，前述人员可以以已故人员的代表作为上述股份或权益现有持有人进行登记。

（三）无论本条第（一）款如何规定，公司登记簿中作为股份或权益现有持有人登记的破产者的财产的信托受托人、执行人、管理人或受让人，经公司同意，上述破产者财产的信托受托人、执行人、管理人或受让人有权作为上述股份或权益现有持有人进行登记。

第九十九条　登记簿的审查

（一）依照本法保存的公司所有登记簿和索引，应许可任何公司股东在工作时间内（即股东大会批准的每个审查日中不少于两小时的常规工作时间）按照规定进行免费审查；若为公众公司，在支付董事同意的适当费用后，任何人可对上述登记簿和索引进行审查；上述公司股东或其他人员可从上述材料中摘录信息。

（二）收取董事指定的相应费用后，可向任何公司股东或其他人员（若为公众公司）提供依照本法规定编制的登记簿、索引或其中部分内容、记录和总结或其中部分内容的一份副本。公司股东或其他人员索要任何副本时，公司应向其收取规定费用，并自公司收到所需材料之日的第二日起 10 日内向申请人提供相关材料。

第一百条　拒绝第九十九条第（一）款规定所述审查或未在规定时间内提供第九十九条第（二）款规定所需副本的，应对做出上述行为的公司及其董事或其他管理人员就每项行为分别处罚款 25 万缅元；注册官可下发命令立即对登记簿和索引进行审查或要求向索要人提供所需副本。

第一百零一条　法院修改登记簿的权力

（一）以下情况下，利益受损的个人、股东或公司可向法院申请对登记簿中的错误进行修正：

1. 按本法规定公司须保存的登记簿中任何个人名称登记错误或被删除的；

2. 未将某人不再作为公司股东的信息登记入登记簿或造成不必要的延迟的。

（二）法院除可驳回申请或下令修改登记簿、要求公司对利益受损人进行赔偿外，还可要求支付其认为合理的费用。

（三）法院有权决定将依照本条规定提交的申请所涉及的相关人员的姓名记入或不记入登记簿，并有权决定其他相关事宜或临时措施；法院有权决定处理涉及法律问题的事项，并就针对上述事项做出的决定的上诉事宜以

《民事诉讼法》第一百条所述要件为基础按照本法所述方式进行处理。

第一百零二条　就修改登记簿事宜向注册官发送通知

法院就登记簿错误修改事宜下达命令时，应明确规定应自上述命令做出之日起 14 日内就错误修改事宜通知注册官。

第一百零三条　可作为证据的公司股东登记簿

（一）在不影响本法和其他任何相关法律条款情况下，公司股东的登记簿可作为本法项下相关事项的直接或关联使用的表面证据，包括登记股东的股份所有权。

（二）公司应将其登记簿中登记的股份持有人视为唯一有权行使下述权利的个人：

1. 行使股份相关表决权；

2. 接收通知；

3. 获得分红；

4. 行使股份所属权益和权力。

第一百零四条　登记簿相关的失职

公司董事和管理人员的责任包括采取必要措施保管好登记簿和索引，并在需要时进行提供；依照本章规定进行责任追究，以及本章约定的其他责任。

第一百零五条　未履行第一百零四条规定的，应对故意违反规定的公司、董事和其他管理人员，分别处罚款 50 万缅元。

第十四章　红　利

第一百零六条　红利的决定

（一）依照第一百零七条和第一百零九条规定，除担保责任有限公司外，按照公司章程，公司董事会可决定向股东分配红利，并决定红利分配金额、时间和方式。

（二）红利分配方式包括现金、配股、期权授予、财产转让等。

（三）依照公司章程规定，分红决定不会引起公司债务且该决定在支付前任何时候可撤销。但在确定的付款时间到来时债务可产生。

第一百零七条　红利要求

（一）除以下情况外，公司不得分配红利：

1. 公司红利分配完成后立即满足偿付能力测试的；

2. 红利分配对股东公平合理；

3. 红利分配不会严重影响公司对债权人的偿付责任。

（二）公司决定进行红利分配后，若支付前董事会发现不符合本条第（一）款要求的，可不予支付，完成支付的，该支付视为无效。

第一百零八条　违反第一百零七条

（一）未履行第一百零七条规定的，对公司处罚款50万缅元，故意违反规定的公司董事和其他管理人员承担同等处罚。

（二）除本条第（一）款规定外，公司在进行红利分配后破产的，明知该情况仍违反第一百零七条规定故意批准红利支付的董事，应对应偿还给债权人的超过公司可收回资产的债务以红利分配金额为限对债权人负责；债权人、代表债权人提起诉讼的清算人可要求上述董事支付上述金额。

第一百零九条　其他影响红利分配的事项

（一）下述事项下，公司董事会不得进行红利分配：

1. 只对同类股份中的部分而非全部进行红利分配的；

2. 同类股份中某部分单股价格高于其他部分单股价格的。

以上情况不包括当部分已付股份针对同类股份的红利分配金额按前述认缴金额比例进行的分配。

（二）若股东同意接受全部或部分股份发行而非拟分配的红利，符合下述条件的，依照公司章程规定，公司可发行：

1. 应就以股份代替拟分配的全部或部分红利事宜按相同规定向相同股份种类持有人发出要约；

2. 同意以股份代替红利分配的股东应享有其接受的股份相应的投票权和

分配权；

3. 上述要约至少持续 21 日；

4. 向同意接受的同类股份的每名股东发行的股份，应按同等条件和权利发行；

5. 应遵守第六十三条和第七十一条中与此相关的规定。

第一百一十条　违反第一百零九条规定的公司，应处罚款 100 万缅元，故意违反规定的公司董事或其他管理人员分别承担同等处罚。

第一百一十一条　利润资本化

在不违背第一百零九条规定的情况下，公司可对其利润进行再投资，该投资无须发行股份。

第十五章　影响股本的交易及事项、股本变更

第一百一十二条　股份有限责任公司的股本变更权力

（一）股份有限责任公司按照其公司章程规定，可按照下述要求对其股本进行变更：

1. 依照第十一章规定可发行用于增加公司资本金所需的新股；

2. 以股东大会普通决议为依据，将公司全部或部分股本合股后分为更大股份，现有股份尚有未缴金额的，应对用以补充该金额的股份进行平均分股；

3. 可按董事会做出的普通决议将公司股份或部分股份按少于原始发行数量的股份进行再次分股，但再次分股时，分股后的新股份中的已缴和未缴金额比例应与原始股份中的比例相同；

4. 根据股东大会做出的特殊决议可将普通股变更为优先股；

5. 根据股东大会做出的特殊决议可将优先股变更为普通股；

6. 依照本部分第十一章规定可对可赎回优先股进行赎回；

7. 可依照本章所述方式减少公司股本；

8. 可依照本章规定方式回购股份；

9. 可依照本章规定对认购公司股份提供相关财政援助。

（二）本条第（一）款规定不得妨碍本法或其他相关法律批准的变更股本的其他权利的执行，同时，不得影响本法其他章节条款的施行。

第一百一十三条 股本合并时应通知注册官

拥有股本的公司依照第一百一十二条第（一）款第 2 至 7 项规定所述方式对其股本进行变更的，应自变更之日起 21 日内就股份合股、分股、再次分股等事宜按规定格式整理并通知注册官。

第一百一十四条 对未履行第一百一十三条规定的公司应处罚款 100 万缅元，故意违反规定的公司董事或其他管理人员应分别承担同等处罚。

第一百一十五条 股本减少

（一）在不妨碍本法或其他相关法律规定情况下，股份有限责任公司可依照公司章程以下述任何方式减少公司的股本：

1. 可终止或减少未完成缴付的股本相关责任；

2. 无论是否终止或减少公司任何股份相关责任，发生消失或无法确定所有权情况的已缴股本，可予以取消；

3. 无论是否终止或减少公司任何股份相关责任，对超出公司所需数额的已缴付完成的股本可予以退还。

（二）除下述情况外，公司不得减少资本：

1. 公司减少资本后立即满足偿付能力测试的；

2. 资本减少对公司所有股东都公平合理的；

3. 资本减少不会严重影响公司对其债权人的偿付责任的；

4. 获得第一百一十六条规定中股东批准的。

（三）公司可依照本条规定等额或选择性减少资本。

（四）资本等额减少应符合下述规定：

1. 只与普通股相关；

2. 针对每名普通股持有人，应按其普通股持有比例；

3. 对每名普通股东应按相同规定执行。

（五）依照本条规定中除第（四）款以外的其他方式进行的减资视为选择性减资。

第一百一十六条　股东批准

（一）资本减少属等额减少的，应通过公司股东大会做出的普通决议予以通过。

（二）属于选择性减资的，应通过下述任何方式进行批准确认：

1. 以公司股东大会做出的特殊决议批准确认，该特殊决议应为减资对价接收人、有责任缴付减资股份尚未缴付的金额的责任人以及上述人士的相关方未投票支持的特殊决议；

2. 以公司股东大会全体普通股东一致通过的决议予以批准确认。

（三）减资过程中，涉及股份取消的，应由持有被取消股份的股东召开会议做出特殊决议确定该类型减资。

（四）公司与会议通知一并提供的材料还应包括依照第一百一十五条第（二）款第 1 至 3 项规定执行的确认说明在内的决议相关的决议投票方式和公司了解的重要信息在内的说明报告。

（五）在向股东发送通知前，应向注册官提供下述材料副本各一份：

1. 会议通知；

2. 与通知一并发送给股东的减资相关文件。

公司应在缅甸境内发行的日报刊登关于已向注册官报送会议通知、相关文件和准备召开减资会议的通知的内容。

（六）注册官应自收到本条第（五）款规定中的材料之日起 28 日内做出公司是否可向股东发送会议通知的决定。注册官决定公司可发出通知或在规定日期内未做出任何规定的，公司可向公司股东发送前述通知。

（七）根据本条第（六）款规定做出任何决定的，注册官认为有必要对股东或债权人进行保护的，可要求公司对本条第（五）款规定中提供的材料进行澄清或更改。

（八）发现不遵守本条第（五）款规定或类似重大原因的，注册官可在本条第（六）款规定的时间内做出公司不得发出会议通知的决定。

（九）公司做出任何决定后的 21 日内应按照本条第（二）款规定向注册官发送一份该决议的副本。此外，应在缅甸境内发行的日报刊登已做出上述决议的通知和减资细节描述。在上述报纸刊登的 28 日内，公司不得进行减资。

（十）依照本条第（六）（七）（八）款规定执行时，注册官无须对遭受破产或损失的公司或公司股东或其他人员承担责任。

（十一）针对本条第（十）款规定，注册官虽无须承担责任，但是不得影响公司依照第四百二十八条规定对注册官做出的决定提起上诉的权利的行使。

第一百一十七条　违反减资规定的后果

（一）公司未遵守第一百一十五条和第一百一十六条规定的，不得依照第一百一十五条规定进行减资。

（二）违反第一百一十五条和第一百一十六条规定的行为不影响减资或签订的任何合同或与合同相关的履行行为的效力。

**第一百一十八条　**对未履行第一百一十七条第（一）款规定的公司应处罚款 500 万缅元，故意违反规定的公司董事或其他管理人员应分别承担同等处罚。

**第一百一十九条　**除第一百一十八条规定外，公司减资后破产的，明知违反第一百一十七条第（一）款规定仍故意批准减资的公司的所有董事，应对应偿付予债权人的超出公司可收回资产的债务以减资数额为限对公司的债权人负责，债权人或代表债权人提起诉讼的公司清算人可要求上述董事支付前述金额。

第一百二十条　股份回购

（一）符合下述条件的，公司可回购股份：

1. 公司回购股份后立即通过债务偿付能力测试的；

2. 股份回购对公司所有股东公平合理；

3. 股份回购不会严重影响公司对债权人的债务偿付责任的；

4. 依照第一百二十二条规定程序进行，并依照第一百二十一条规定获得股东批准确认的。

（二）可等额或选择性回购股份。

（三）等额回购股份应符合下述规定：

1. 股份回购要约只与普通股相关；

2. 应向普通股持有人发出要约，以便回购与其所持普通股比例相同的股份；

3. 普通股持有人有权获取上述要约；

4. 不得在上述要约接收时间结束前签订股份回购协议；

5. 所有要约中的条款应保持一致。

（四）除本条第（三）款规定外，依照本条进行股份认购时，使用其他方式进行的股份回购属于选择性回购。

第一百二十一条　股东批准

（一）股份等额回购协议应由股东大会做出普通决议予以批准确认或只有获得上述批准时，协议方可视为有效。

（二）股份选择性回购协议应通过下述方式予以确认或只有获得批准确认后才能依照上述批准执行：

1. 公司股东大会做出的特殊决议进行确认，该决议应为部分股份回购对价接收人及其相关方未投票支持的决议；

2. 以公司股东大会上所有普通股东一致同意的决议予以确认。

（三）公司在发送通知时，应一并发送包括遵照第一百二十条第（一）款第1至3项规定执行的确认说明、决议的投票方式和公司了解的重大事项的说明在内的一份报告。

（四）在向股东发送通知前，以及未做出股份回购协议之前，公司应向注册官提供下述材料的副本各一份：

1. 会议通知；

2. 规定股份回购要约条款的文件；

3. 与通知一并发送至股东的股份回购相关材料。

公司应在缅甸境内发行的日报刊登有关已向注册官发送会议通知、与通知一并发送的文件和准备召集和召开股份回购批准会议的通知的内容。

（五）注册官应自收到本条第（四）款规定中的文件之日起 28 日内做出公司是否可向股东发送通知的决定，注册官做出发送通知的决定或在规定时间内未做出任何决定的，公司可发送通知。此外，经股东批准确认，可发出股份回购要约。

（六）依照本条第（五）款规定做出任何决定的，注册官认为有必要对股东或债权人进行保护的，可要求公司对本条第（四）款中提供的文件进行澄清或更改。

（七）发现未遵照本条第（三）款规定或类似重大原因的，注册官可在本条第（五）款规定所述时间内做出公司不得发送股份回购要约和会议通知的决定。

（八）公司做出任何决议后 21 日内应依照本条第（二）款规定向注册官提供该决议的一份副本，同时，应在缅甸境内发行的报纸上就已做出上述决议的公告和股份回购细节概述进行刊登，在缅甸境内发行的日报上刊登的 28 日内，公司不得进行股份回购。

（九）依照第（五）（六）（七）款规定执行时，公司破产或遭受损失的，注册官无须对公司、公司股东或其他人员承担责任。

（十）依照第（九）款规定，虽然注册官无须承担责任，但不得妨碍公司依照第四百二十八条规定对注册官的决定提起上诉的权利的行使。

第一百二十二条　股份回购要约相关事项

（一）公司发出股份回购要约时，为便于对要约做出接受或拒绝的决定，应同时提供一份公司所知悉的重大信息陈述报告。

（二）公司在做出股份回购协议后，设定于回购股份之上的权利暂停，直至回购协议终止后恢复。

（三）公司不得放弃其回购的股份，违反本款规定订立的任何协议视为无效。

（四）回购的股份转让给公司并登记后，应立即取消股份。

第一百二十三条　违反股份回购规定的后果

（一）公司未遵守第一百二十一条和第一百二十二条规定的，不得依照第一百二十条规定进行股份回购。

（二）公司违反第一百二十一条和第一百二十二条规定的行为不影响股份回购或签订的合同或该合同相关履行行为的效力。

第一百二十四条　对未履行第一百二十三条第（一）款规定的公司应处罚款 500 万缅元，故意违反规定的公司的董事或其他管理人员应分别承担同等处罚。

第一百二十五条　除第一百二十四条规定外，公司在股份回购后破产，明知违反第一百二十三条第（一）款规定仍故意批准股份回购的公司的所有董事，应对应向债权人偿还的超出公司可收回资本的债务以股份回购金额为限对公司的债权人负责，债权人或代表债权人起诉的公司清算人可要求上述董事支付上述金额。

股东权利的变更

第一百二十六条　变更股份种类持有人的权利

（一）公司章程中对任何股份种类所含股份的权利或对无股本公司任何成员种类的成员的权利进行变更或取消有程序要求的，按该程序执行；该程序的变更同样需遵循前述程序。

（二）公司章程未对本条第（一）款的程序进行规定的，只能通过公司的特殊决议对上述相同权利进行变更或取消，此外：

1.可通过下述成员会议确定的特殊决议进行变更或取消：

（1）拥有股本的公司，则由上述股份种类的股份持有人组成；

（2）无股本的公司，则由享有被变更或取消的权利的成员种类中的成员组成。

2.可通过上述种类中至少 75% 的公司股东的书面同意进行变更或取消。

（三）公司做出变更或取消的 7 日之内应就该事宜书面通知上述种类中

的成员。

（四）遵照本条第（五）款申请做出相关决定后或收到相关协议后 21 日内，公司应将依照本条规定做出的变更和引起公司股本变化的事宜按照规定格式通知注册官。

（五）持有依照本条规定变更的已发行的任何股份种类的 10% 以上股份的持有人，在做出的变更决议中，未同意的或未投票的人对上述变更未追加同意的，上述人员可向法院申请取消上述变更；在法院做出变更判决前，上述变更不得生效。

（六）本条第（五）款中所述申请应在获得同意之日或做出决议之日起 21 日内提出，有权提出申请的股东可通过书面形式聘请一名或一名以上代表就该事项提出申请。

（七）针对任何申请，在申请人、向法院申请听讯者及有意参加听讯者参加法院的庭审后，法院发现上述变更对申请人所代表种类的成员造成不公正损失的，可做出不予批准该变更的决定；对未出现该情况的，应对变更予以确认。

（八）法院对上述申请的决定具有终局性。

（九）公司在收到针对申请做出的任何决定后，应在 21 日内向注册官提供一份该决定的副本。

（十）公司所有管理人员应依照本条所述程序进行所需处理或相关事项的上报。

（十一）本条规定中"变更""已变更"包含"取消""已取消"之意。

第一百二十七条 对违反第一百二十六规定且故意违反该规定的公司、公司的董事或其他管理人员，分别处罚款 100 万缅元。

财政援助

第一百二十八条 公司提供财政援助购买其发行股份的限制

（一）除本条或第一百三十条规定外，股份有限责任公司（不属于公众公司子公司的私人公司除外）不得直接或间接对个人已购买或即将购买本公司或本公司的控股公司发行的股份提供任何财政援助。

只要本条未禁止，贷款属于公司日常经营业务的，公司即可进行日常经营业务贷款。

（二）本条中的任何规定不影响公司进行股份赎回、减资或依照第十五章规定中影响公司股本的交易或程序相关权利的行使。

第一百二十九条　对违反第一百二十八条规定，且故意违反的公司、公司董事或其他管理人员分别处罚款 250 万缅元。

第一百三十条　批准公司提供财政援助

（一）第一百二十八条中的公司，只能对符合下述条件的自然人提供财政援助以使其获得公司或公司控股公司的股份：

1. 董事会认为有下述合理理由并做出决定的：

（1）公司应提供财政援助；

（2）该类财政援助能使公司利益最大化；

（3）财政援助对公司全体股东公平合理；

（4）财政援助对公司对债权人承担的偿付责任无实质影响；

（5）公司提供财政援助后立即通过债务偿付能力测试。

2. 依照第一百三十三条规定股东批准财政援助的。

（二）董事会依照本条第（一）款第 1 项规定批准财政援助后，在提供所批准的财政援助前，发现在公司提供财政援助后并不能立即满足本条第（一）款第 1 项条件的，不得视为公司有权做出某项财政援助。

第一百三十一条　对未履行第一百三十条规定的公司处罚款 250 万缅元，明知违反第一百三十条规定仍故意批准的公司董事或其他管理人员分别承担同等处罚。

第一百三十二条　除第一百三十一条规定外，公司在提供财政援助后破产的，明知违反第一百三十条第（一）款规定仍故意批准财政援助的公司董事，应对公司应向债权人偿付的超出公司可收回资产的债务以批准的财政援助为限对债权人负责，债权人或代表债权人提起诉讼的公司清算人可要求上述董事支付上述金额。

第一百三十三条　股东批准

（一）股东可按下述方式对公司提供的财政援助进行批准：

1. 以股东大会做出的特殊决议进行批准，该决议应为股份获得者及其相关方未投票赞成的特殊决议；

2. 以公司股东大会上全体普通股东一致同意的决议予以确认。

（二）若公司依照第一百三十条规定获得财政援助后立即成为缅甸上市公众公司的子公司的，则相关财政援助应由上述公众公司股东大会做出特殊决议予以确认。

（三）公司提供财政援助后，立即拥有下述任何控股公司的，该控股公司：

1. 为依照本法成立的未在缅甸境内上市的公司；

2. 不属于依照本法成立的其他公司的子公司的公司；

则在上述事项中提供的财政援助应由上述控股公司股东大会做出特殊决议予以确认。

计划就本条第（一）（二）或（三）款规定所述事项召集和召开会议的公司，在发送通知时，还应发送一份包括决议投票方式以及公司所了解的重大事项说明在内的报告。

（四）在未向公司股东发送关于就本条第（一）（二）或第（三）款规定事项举行会议的通知前，公司应向注册官提交下述文件的副本各一份：

1. 会议通知；

2. 与会议通知一并发送给公司股东的财政援助相关材料。

（五）公司在提供财政援助前至少21日内应就已按照本条规定对该财政援助事宜进行批准事宜按照规定格式向注册官发送通知。

（六）针对本条第（一）（二）或第（三）款中规定事项做出任何特殊决议的，所述公司、缅甸境内上市的公众公司或控股公司应自该决定做出之日起14日内向注册官上报。

（七）公司董事和其他管理人员应依照本条规定程序进行所需处理或相关事项的上报。

第一百三十四条　对违反第一百三十三条第（七）款规定，且故意违反的公司、公司董事或其他管理人员分别处罚款 250 万缅元。

第一百三十五条　违反规定的后果

公司违反第一百二十八条规定提供财政援助的行为，不影响该财政援助、已签订合同或该合同履行行为的效力。

禁止自购股份

第一百三十六条　直接获得股份

除下述情况外，公司不得获得其股份：

（一）依照本章规定回购的；

（二）执行法院命令的。

第一百三十七条　股份担保

公司不得对本公司或控制本公司的控股公司的股份进行担保。

第一百三十八条　向子公司发行或转让股份

任何公司向其子公司进行的股份发行或转让行为视为无效，出现下列情形除外：

（一）受让方子公司只作为股份信托方且未获得任何股份权益的；

（二）转让行为由公司控股公司做出且子公司受让方为该控股公司子公司的。

第一百三十九条　豁免条款

在不影响本条外其他权力的情况下，联邦部长可对第一百三十六条第（一）款规定、第一百三十七和第一百三十八条规定中禁止或无效的情形进行批准并对生效条件进行规定。

继续履职

第一百四十条　其他继续适用的责任

依照第四部分条款规定的或依照本法规定的或赋予董事的任何责任，不得以本章所述任何规定批准的或公司股东做出决议予以确认的或章程批准的对股本具有影响的举措为由予以豁免。

第四部分
公司管理和行政管理、公开发行证券、抵押和财产负担、公司账目维护

第十六章　公司办公室及名称

第一百四十一条　公司的注册办公室

（一）公司自成立之日起应有可供通信联系或通知发送的注册办公室。

（二）公司无须在注册办公室地址开展业务，但公司应持有并保存该建筑占有人同意公司将该地作为公司注册办公室使用的文件，若不再同意，公司应注册新的地址，注册官可依照本款规定要求公司提供所需的同意文件。

（三）公司成立申请文件中应注明注册的办公室详细地址，拟对该地址进行变更的，在变更前应按照规定格式通知注册官，注册官应对上述变更进行登记。

（四）公司的年度报告中涵盖的关于公司注册地址的说明，不得视为满足本条的责任要求。

（五）注册官认为出现下列情况的，可向居住于缅甸境内的任何董事发送通知提醒其将注册的办公室地址变更为该董事的地址：

1. 公司注册办公室在公司业务开展的地点范围，但公司在该地点已未继续开展业务的；

2. 公司注册办公室不在公司开展业务的地点的，该建筑物占有人未同意或不再同意公司将该地作为公司注册办公室或该建筑物所有人不再占有该建筑物的。

自上述通知发布之日起 28 日内公司未提供新的办公室注册地址的，注册官可对注册办公室地址进行变更。

第一百四十二条 未履行第一百四十一条的，应对公司处罚款40万缅元。

第一百四十三条 注明有限责任公司名称

所有有限责任公司：

（一）应在其注册办公室、对外公开的通信联络地址或所有营业地点的显著位置使用缅甸语或英语清晰明了地标注公司名称。

（二）具有公司印章的，应在印章中使用清晰易懂的文字注明公司名称。

（三）下述所有事项，应使用缅甸语或英语简洁明了地注明公司名称：

1.公司或公司代表进行的书面通信往来；

2.公司或公司代表发布或签署的创设公司法律义务的文件。

第一百四十四条 未注明公司名称的处罚

（一）未按本法规定方式清晰明了注明公司名称的有限责任公司，应处罚款5万缅元，明知且故意不履行或许可前述行为的公司管理人员分别承担同等处罚。

（二）有限责任公司的任何管理人员或其代表使用或许可使用未按上述要求清晰注明其公司名称的印章的，或未按上述规定在第一百四十三条第（三）款规定所述通信联络或文件中注明公司名称的，处罚款5万缅元。此外，上述文件对公司产生任何法律责任的，因公司未履行该责任引发的公司责任应由前述人员负责承担，但下列情形除外：

1.文件发布或签署人可证明受益第三人明知或被告知上述责任会由公司承担的；

2.法院发现让上述文件发布或签署人履行责任有违公平正义的。

第十七章 公司会议及程序

第一百四十五条 董事会会议

（一）依照公司章程，可做出下述行为：

1.任何董事可在恰当的时间内向其他董事发送书面通知召集和召开董

事会；

2. 可以公司全体董事认可的任何方式或公司章程规定的方式召集或召开董事会；

3. 董事会法定参会董事人数为两名或公司章程规定的人数，上述董事须全程出席董事会；

4. 董事会决议应以具有投票表决权的董事的多数表决票投票表决通过。

（二）董事应选出一名人员担任董事会和公司会议主席，被选主席缺席某次会议或会议的某部分议程的，可另选一名代职主席。

（三）依照公司章程，董事会主席对董事会决议享有一票投票权。

第一百四十六条　年度股东大会

（一）依照本条规定，所有公司应自公司成立之日起 18 个月内举行一次作为公司年度股东大会的股东会议，本次会议举行后的每个日历年内应至少举行一次股东会议，且应在最后一次年度股东大会举行后不超过 15 个月的时间内举行。

（二）依照本法或其他任何法律，年度股东大会应讨论的内容即使未在会议通知中注明，也应包括下述内容：

1. 公司需要编制年度财务报告、董事报告和审计报告的，针对前述报告进行讨论决议；

2. 选聘董事；

3. 需要委任审计师的，委任该审计师。

（三）主席应适当给予公司股东就公司管理事宜进行提问或提出意见的权利。

（四）公司审计师应参加年度股东大会，大会主席应适当给予公司股东就公司审计、审计报告或账目审计事宜向审计师进行提问的权利。

（五）本条规定不应适用于小型公司，下列情形除外：

1. 小型公司的公司章程适用本条或包含相同规定的；

2. 小型公司股东通过一般决议决定适用本条条款的；

3. 注册官认为小型公司应适用本条的。

第一百四十七条　违反第一百四十六条规定

违反第一百四十六条有关举行年度股东大会规定的：

（一）对明知且故意违反的公司、公司董事或管理人员，分别处罚款 25 万缅元。

（二）法院应公司股东申请可要求或指示召集和召开年度股东大会，法院也可以其认为合适的方式做出有关召开会议的指示。

第一百四十八条　公司法定会议

（一）所有公众公司或担保责任有限公司应自公司成立之日起 28 日至 6 个月内召开一次公司成员股东大会，此会议即为法定公司会议。

（二）董事应在会议举行之日前至少 21 日向公司股东分发一份按本条规定方式证实的依照本法编制的报告。

（三）法定报告应由公司至少两名董事，或只有一名董事的公司的该名董事，或接受董事授权代表董事履职的董事主席进行证实，并应表述以下内容：

1. 分配的股份总数（应对全部或部分以现金支付的股份进行分类陈述）、以非现金方式支付的股份的分类陈述、属部分支付的股份（若有）的支付金额，以及全部或部分支付的股份价值；

2. 公司收到的有关上述分配并分类陈述的所有股份的现金总额；

3. 一份有关自报告编制之日起截至 7 日内的某一日的公司收入及付款情况的概述材料，应包括按标题分别列出的有关股份、债券或其他形式的公司收入、付款、持有的收支相关的明细，以及有关分别陈述股份发行或出售应付佣金或折扣的公司筹备费用账目或预算；

4. 自公司成立之日起的公司董事、审计师和秘书（若有）的姓名、地址、国籍和其他相关信息，以及前述信息的变更信息（若有）；

5. 提请会议审批的合同内容、修改议题和修改内容；

6. 承销协议（若有）履行完成情况；

7. 董事应付筹款余款（若有）；

8. 有关向董事或管理人员就股份发行或出售支付的或应支付的佣金或回

扣的明细。

（四）法定报告涉及公司分配的股份，或公司有关上述股份获得的款项以及涉及公司收入与付款的，则该报告应由公司审计师予以签字证实。

（五）董事向公司股东发送完法定报告后，应向注册官发送一份依照本条规定进行签字证实的上述报告的副本以供其登记。

（六）董事应编制整理包括公司股东姓名、简介、国籍和地址、公司股东各自持有的股份数额等信息在内的一份名单，并在会议开始时提供，以方便公司股东在会议期间获取使用。

（七）出席会议的公司股东可就提前通知或未提前通知的有关公司组建或法定报告相关事项进行自由讨论。但未按章程或本法规定予以通知的，不得做出任何决议。

（八）会议可适时推迟，在推迟举行的会议上可通过依照章程或本法条款予以通知的前次会议举行前或举行后的任何决议。推迟举行的会议应与正常举行的会议具有同等效力。

（九）因提交法定报告或举行法定会议中的任何违反行为依据第五部分规定向法院申请公司清算的，法院可做出不允许公司清算的指示，要求公司提交法定报告或举行法定会议的指示或其他公平合理的决定。

第一百四十九条 违反第一百四十八条规定的，对明知且故意许可前述行为的公司董事分别处罚款 25 万缅元。

第一百五十条 股东大会的种类

公司股东大会可分类如下：

（一）依照第一百四十六条规定举行的年度股东大会；

（二）依照第一百四十八条规定举行的法定会议；

（三）特别股东大会，指依照包括第一百五十一条第（一）款在内的本法所述权利和程序召开的公司成员股东大会以外的任何其他股东大会。

第一百五十一条 股东大会的召集和召开

（一）公司的股东大会：

1.应就正当事由在合理的时间和地点召开；

2. 整个会议期间的法定参会人数为至少两名公司股东或公司章程规定的更多人数；

3. 应由董事依照公司章程选举的人作为主席主持会议；前述人员无法出席会议的，由会议出席人员另行选举主席；

4. 依照公司章程，会议中持多数票的出席人员同意或指示主席改期召开会议的，应将会议改期召开；

5. 公司审计师有权收到各类会议通知并出席会议参与其中与审计师相关的会议内容的讨论；

6. 董事会主席可随时召集和召开股东大会；

7. 依照公司章程，任何董事、章程所述的其他人员可召集股东大会；

8. 公司股东按本条第（二）款规定以正式信函申请的，董事应召集和召开股东大会；

9. 持有不少于十分之一的公司会议投票权的公司股东可召集和召开股东大会，但是，前述公司股东应承担会议所需的费用，并尽可能按照董事召集和召开公司会议的方式进行；

10. 认为不适合以其他方式召集和召开或发现以其他方式召集和召开有违公平合理的，法院可命令召集和召开会议。经会议中具有投票表决权的董事或公司股东申请，法院可做出某项命令和做出其认为合适的召集和召开会议的指示。

（二）即使公司章程未做规定，持有不少于十分之一会议投票权的股东或具有会议投票表决权的公司成员不少于 100 人书面提出请求的，且所提议事项属应在会议中讨论决定的事项的，拥有股本的公司的董事仍应继续召集和召开公司会议。

（三）会议申请应以书面形式提出，并应就会议目的和所提议的决议进行陈述，前述申请应由申请人签字并发送至公司注册办公室。申请中可同时包含其他类似形式的文件，且每份文件都应由申请人中的一名或多名进行签字。

（四）董事认为不应按本条第（二）款规定召集和召开会议的，除向申请人通知前述决定外，自就申请决定通知之日起 21 日内未做出董事将召集和召开会议的，申请人或申请人中具有多数投票权的人可自行召集和召开会议，但是该会议应自就申请决定通知之日起 3 个月内举行。

（五）申请人应尽可能按照董事召集和召开会议的方式召集和召开本条所述会议，申请人就该事项请求提供登记簿副本的，公司应向申请人提供该副本。

（六）因董事未履行召集和召开会议导致申请人承担的费用，公司应退还申请人，退还后公司可从应向未履行责任的董事支付的酬金或其他报酬中扣除退还至申请人的上述费用。

（七）持有不少于十分之一的会议投票权的股东或具有会议投票表决权的公司成员达到 100 人以上，可就公司会议中需变更的提议决议向公司发送通知。

（八）本条第（七）款规定所述通知应以书面形式发送，同时应就所提议决议进行描述，通知应由发送通知的公司股东签字，并可同时发送简单说明文件。

（九）本条第（七）款所述提议决议属应提交会议的提议决议的，该决议或附带的说明材料篇幅不长或无损声誉的，则公司可将上述通知和说明材料在下一次会议通知中进行注明。下一次会议在决议通知收到之日起两个月内召开的，则无须发送上述通知，一旦发送通知，则应自收到通知之日后 12 个月内召开会议。

（十）依照本法有关会议通知和投票规定，为确保公司股东按规定方式正常举行并参与会议，公司可在其章程中就公司股东召集和召开会议的方式予以规定。

第一百五十二条 会议通知及投票规定

（一）下列条款适用于公司会议召集和召开事项：

1. 可至少提前 21 日或公司章程规定的更长期限内发出书面通知召集和召开公司会议，公众公司可提前 28 日内发送书面通知召集和召开公司会议。但有权收到会议通知的所有公司股东一致认为该会议可在更短时间内通知召开的，可按公司股东认为合适的方式召开。

2. 公司会议书面通知应发送给具有会议投票表决权的所有公司股东、董事和审计师，通知可通过下述方式送达：

（1）亲自送达；

（2）邮递或以其他直接方式送达公司股东登记簿中登记的公司股东的地址或公司股东就该事项指定的其他地址；

（3）通过电子方式发送至公司股东就该事项提供的传真号码或电子通信地址；

（4）公司章程规定的其他任何方式。

向公司成员发送通知时出现的偶然疏忽或未收到通知的事实不影响会议程序的有效性。

3. 通知应包含下述内容：

（1）会议时间和地点；

（2）会议讨论事项的一般说明；

（3）会议属于年度股东大会、法定会议还是特殊股东大会的说明；

（4）提议的决议，包括有关是否包含公司股东提议的决议或特殊决议材料在内的所需说明；

（5）拟委任公司代理或代表的信息和说明，包括可收到委任通知的时间和委任通知的方式；

（6）公司章程或本法规定的其他所需材料。

4. 公司股东登记簿中载有名字的各股东应与持有同种类股份的其他股东享有相同权利并承担相同义务。

（二）按照公司章程，下述条款应适用于公司会议投票事项：

1. 依据设定于股份之上的权利或限制，在公司会议上：

（1）公司股东举手享有一票表决权；

（2）公司股东就持有的每份股份享有一票表决权；

（3）共同持有某份股份的，载明的共同持有人中的一人具有投票权；

（4）主席享有一票表决权。

2. 对投票权存在质疑的仅可在会上提出，主席的裁决具有终局性。

3. 未要求投票表决的决议，可举手表决。

4. 下述人员可要求就某项决议进行投票表决：

（1）主席；

（2）至少 5 名公司股东；

（3）持有至少百分之十具有投票表决权票数的公司股东。

5. 可在未进行举手表决前、未宣布举手表决结果前或宣布结果后立即要求进行投票表决。

6. 应按主席指定的方式进行投票表决。

7. 进行举手或投票表决前，主席应向会议说明收到的代理票及该票的决定方式。

8. 举手表决时，主席的宣布结果为决议结果的确证，但是上述宣布结果应以投票表决和收到的代理票表决为基础。

（三）因某种原因未能按照可召集和召开公司会议的任何方式召集和召开会议的，或未能依照公司章程或本法规定的方式举行会议的，法院可自主或应具有会议投票权的公司董事或公司股东的申请，下发要求按法院认为合适的方式召集和召开会议的命令以及其他指示，按照所述命令召集和召开的会议视为公司正式召集和召开的会议。

第一百五十三条　出席公司会议代表的委任

（一）作为其他公司成员的公司可按董事决议授权其任何管理人员或个人作为该公司代表出席上述公司的会议并投票，前述被授权人可作为向其授权的公司的代表在其他公司的会议上或在决议表决时行使其所代表的公司可行使的同等权利。

（二）公司可依照本条第（一）款规定委任一名以上公司代表，但每次仅有一名代表可行使所述权利。

（三）有关让本条第（一）款中委任的公司代表参加公司会议事宜，公司可要求查看委任上述代表的相关文件。此外，可以公司董事决议规定委任公司代表的模式。

第一百五十四条 出席公司会议代理人的委任

（一）有权出席会议并具有投票权的公司股东可委任代理人依照本法或公司章程规定代表其行使出席会议和进行投票的权利。

（二）代理人可不属于公司股东，代理人可代表委任其作为代理人的公司股东在公司会议或决议表决时行使该公司股东可行使的同等权利。

（三）公司股东委任代理人时使用的申请表可由该公司的董事决议进行规定，若规定了申请表格式，应向公司所有成员发送该申请表，公司发送申请表时，可同时附上一份可作为公司代理人员的名单。

（四）无论是否按照本条第（三）款规定申请表格式，由委任人签字且包含下述信息的代理委任视为有效：

1.公司股东的姓名和地址；

2.公司名称；

3.代理人姓名；

4.代理人出席的会议（可以是所有会议）。

（五）为确保代理委任生效，应保证公司在相关会议举行前至少48小时内收到有关代理委任的文件。上述文件应发送至公司注册办公室或会议通知中公司指明的其他地址或号码。

（六）公司收到委任代理人的公司股东发送多份文件的，视为以最新文件撤销之前文件。

（七）在委任代理人的文件中应就代理人如何进行决议表决的方式进行明确或注明代理人具有自主表决权。明确表决方式的，代理人应按所述方式表决。

（八）公司成员因某种原因对某项决议无表决权的，其代理人也无权代表其就该决议表决。

第一百五十五条 普通决议

除本法或公司章程明确规定需以特殊决议或指定百分比或指定人数的公司股东批准通过的事项以外，依照本法或公司章程需对某事项做出某项决议的，都可通过做出普通决议来执行。

第一百五十六条 书面决议代替会议

（一）仅有一名董事的公司无须召集和召开董事会，所需决议可通过书面记录并签字做出。

（二）仅有一名公司股东的公司无须召开公司股东会议，所需决议可通过书面记录并签字做出。

（三）若就某项决议享有表决权的所有董事在表决文件中签署同意，公司可无须召开董事会即可通过该决议。文件可以多份独立副本形式签署，最后一名董事签字后决议即生效。

（四）若所有私人公司有权表决的成员在表决文件中签署同意，公司可无须召开股东大会即可通过该决议。文件可以多份独立副本形式签署，最后一名董事签字后决议即生效。

（五）按本条第（四）款规定做出某项决议的公司，除应确保遵照公司章程或本法有关在股东大会上做出某项决议的规定执行外，还应遵循下述要求：

1. 向公司股东发送需签字的文件，同时发送与决议相关的材料或文件；

2. 向注册官发送召集和召开决议会议的通知，同时发送一份需公司股东签字的文件的副本；

3. 发送召集和召开决议会议的通知和本条第（五）款第1项规定所述材料或文件的副本各一份。

第一百五十七条 股东大会、董事会和书面决议的程序

（一）所有公司应在股东大会、董事会或书面决议的记录本中做好股东大会、董事会或书面决议所有记录，相关记录或决议应自会议举行之日起或书面决议做出之日起21日内在与之相对应的记录本中予以记录，并由主席或被授权的其他任何董事签字。

（二）上述记录或书面决议经由有关该记录或书面决议会议主席签字或将举行的下一次会议的主席签字的，可作为履行程序和通过决议的证据。

（三）若无相反证明，签字记录后的公司所有股东大会或董事会应视为符合如期召集和召开，所有程序视为正当履行，所有董事或清算人的委任视为有效。

（四）应将公司股东会议记录和包含公司成员书面决议的记录本存放于公司的注册办公室或存放于依照本法保存公司登记簿的其他地方。公司成员可在工作时间免费检查上述资料，但应遵守公司章程或股东大会针对检查做出的每天应不少于两小时检查时间的限定。

（五）会议举行之日起 7 日后任何时间内，公司成员缴纳董事规定的合理费用后可自其提出要求之日起 7 日内获得本条第（四）款规定中所述记录或决议的一份副本。

第一百五十八条 拒绝第一百五十七条第（四）款所述检查的或未在第一百五十七条第（五）款规定的时间内提供第一百五十七条第（五）款规定的副本的，对明知且故意做出前述行为的上述公司、公司董事或其他管理人员，针对每项违反行为分别处罚款 15 万缅元。

第一百五十九条 法院可针对第一百五十八条中的拒绝或未履行行为下发要求立即对股东大会所有执行记录或书面决议相关记录本进行检查的命令，也可做出要求向副本索要人发送所需副本的指示。

第十八章　董事及其权利与义务

第一百六十条 董事权利

董事拥有以下权利：

（一）依董事会指示（仅有一名董事的公司，则按该董事的指示）管理公司经营业务。

（二）管理公司经营业务时，公司各董事或单一董事可按照公司成员所需行使的权利行使本法或公司章程明确规定的所有权利。

（三）依照公司章程规定，董事会可将董事可行使的某项权利赋予总经理行使。

（四）董事会可依照公司章程将其可行使的某项权利赋予下述人员行使：

1. 董事委员会；

2. 任何董事；

3. 公司的任何职工；

4. 其他任何人。

（五）依照本条第（四）款规定被授权行使权利之人应按照董事会做出的指示行使上述权利，其对权利的行使视同董事对上述权利的行使，二者具有同等效力。

（六）董事依照本条第（四）款规定授权时，未能注明下述内容的，视同董事亲自行使上述权利，并应对被授权人的行为负责：

1. 具有被授权人依照本法和公司章程就赋予公司董事的责任永久行使相关权利的理由；

2. 诚心进行调查后（出现有必要调查的情况的），有理由确信被授权人是具有能力胜任授权权利行使的人员的。

第一百六十一条 董事知情权

（一）董事在任何合理的时间都可查阅公司的文件和记录。

（二）针对下述诉讼程序，离任的董事可在其离任后 7 年内查阅公司文件及记录并获取副本：

1. 所述人员属事件当事人的；

2. 所述人员提起的诉讼诚实善意的；

3. 所述人员有理由确信会对其提起诉讼的。

第一百六十二条 董事权利的限制

公众公司、公众公司的子公司、私人公司的章程已有限制规定的，上述公司的董事非经股东大会一致同意，不得从事下述事项：

（一）售卖或处理公司的主营业务；

（二）偿还某董事应偿还的债务。

第一百六十三条 投票表决的限制

（一）依照公司章程和本条规定，董事会会议表决的事项中涉及某董事个人利益的，则会议对该事项表决期间该董事不能出席，也不能对该事项进行投票表决。

（二）依照公司章程，会议决议的事项涉及某董事个人利益，满足下述条件的，该董事可出席会议并有权就该事项投票表决：

1. 董事按照第一百七十二条规定，就其与公司业务存在的利益关系的性质和范围进行公开披露，且其他董事就上述董事阐述的利益关系做出决议并认为上述利益不影响该董事出席会议或投票表决的；

2. 公司股东大会做出类似董事会在本条第（二）款第 1 项规定中做出的决议的；

3. 利益属于无须依照第一百七十二条规定进行披露的。

（三）依照公司章程，若符合本条第（二）款中所述规定，则：

1. 上述董事可对具有利益关系的事项进行投票表决；

2. 可继续开展有利益关系的业务；

3. 即使董事与业务存在利益关系，该董事仍可获取该业务相关收益；

4. 公司不得仅以存有利益关系为由回避业务。

董事及管理人员的责任

第一百六十四条　责任

第一百六十五条至第一百七十二条规定的董事和管理人员的主要责任不得影响本法或其他任何相关法律对其赋予的责任。

第一百六十五条　谨慎勤勉义务

（一）在下述事项中，任何董事或管理人员应以一般理性人具有的谨慎勤勉标准行权履职：

1. 所述人员在公司的各种情形中皆属于公司董事或管理人员的；

2. 所述人员作为公司董事或管理人员履职且与公司董事或管理人员具有相同责任的。

（二）董事或其他管理人员在行使其权利和履行其责任时，在就其是否需开展有关公司商业活动的行为做出任何决议时，做出的下述行为视为已履行本条第（一）款规定、类似法律赋予的责任以及第一百七十条所述责任：

1. 以诚实善良的目的做出决议；

2. 决议事项不涉及个人重大利益关系；

3. 董事本人合理相信决议事项属公平合理的；

4. 合理相信决议符合公司最大利益的。

第一百六十六条　在为公司获取最大利益的活动中尽诚实善良义务

（一）依照本条规定，董事或管理人员应按下述要求行使自身权利和履行自身责任：

1. 尽诚实善良义务并从公司利益最大化出发；

2. 有正当理由。

（二）全资子公司的董事或管理人员作为董事或管理人员行使权利或履行责任时，公司章程明确许可前述行为的，则前述董事或管理人员可以其确信可实现控股公司最大利益的方式（无论是否能实现子公司利益）行使权利或履行责任。

（三）非全资子公司的董事或管理人员行使其权利或履行其责任时，公司章程明确许可前述行为且获得除其控股公司的公司成员以外的其他成员事先同意的，则前述董事或管理人员可以其确信可实现控股公司最大利益的方式（无论是否能实现子公司利益）行使权利或履行责任。

（四）股东合资公司的董事或管理人员作为合资公司董事行使其权利或履行其责任时，公司章程明确许可前述行为的，前述人员可以其确信可实现某股东或各股东最佳利益的方式（即使无法实现公司最佳利益）行使权利或履行责任。

（五）董事或管理人员就本条第（一）款第 1 项中的责任行使其权利或履行其责任时还应考虑下述事项：

1. 决议产生的长远后果，包括对下述事项产生的影响：

（1）公司雇员；

（2）公司商业往来中的客户和供应商；

（3）自然环境；

（4）公司信誉。

2.需要做到公司成员间的公正。

第一百六十七条　有关利用职务的义务

董事或管理人员不得针对下述事项不恰当地利用其职位：

（一）为自己或他人谋取利益；

（二）损害公司利益。

第一百六十八条　信息使用义务

董事或管理人员不得就作为董事或管理人员身份获取的信息不当地用于下述事项：

（一）为自己或他人谋取利益；

（二）损害公司利益。

第一百六十九条　遵守本法和章程的义务

任何董事或管理人员不得或不得同意公司违反本法条款或公司章程。

第一百七十条　规避疏忽大意贸易的义务

董事或管理人员在开展公司商业活动时不得使用或同意使用对债权人造成巨大损失的方式开展商业活动且不得许可前述行为。

第一百七十一条　不得为公司设定义务

公司董事或管理人员不得为公司设定义务，除非在当时有充分合理的理由确信公司能够履行该义务。

第一百七十二条　披露部分利益的义务

（一）在公司某事项中享有个人重大利益的董事应向其他董事发送告知书，以下事项除外：

1.利益：

（1）由董事身份产生，与其他董事一致；

（2）作为公司董事获得的董事薪酬；

（3）与提议订立的需由公司成员批准但公司成员未予批准也不会给公司带来任何责任的合同相关；

（4）仅因董事作为担保人或针对公司获得的全部或部分贷款或提议贷款向董事支付的赔偿或因提供的担保而产生的；

（5）因董事针对第（4）项所述担保或赔偿享有的代位权产生的；

（6）因投保的或即将投保的董事作为公司管理人员应履行责任的某项合同（该合同不会使公司或相关法人机构成为保险人）产生的；

（7）因公司或相关法人团体就依照本法第一百八十一条规定批准的赔偿或该赔偿相关某项合同进行的付款产生的；

（8）参与与相关法人团体或为该法人团体的利益或代表该法人团体签订或将签订的协议，且因该董事属于该相关法人团体的董事产生的。

2. 董事除已依照本条规定发送权益性质、范围及其与公司事项的利益关系的告知书外，该告知书还继续有效的。

3. 仅有一名董事的公司的董事及其关联方属公司唯一股东的。单一董事公司有其他董事的，应向该董事发送本条第（一）款规定中所需告知书。

（二）与利益相关的告知书可根据需要随时发送或在某事项中享有利益的董事可向其他董事发送有关利益性质与范围的固定告知书。

（三）发送告知书时，无论是否与公司事项相关，都可随时发送固定告知书。但是，董事会委任一名新董事的，则上述固定告知书应上报新成立的董事会会议。

（四）告知书中所列权益的性质或范围明显增加的，则上述固定告知书的效力终止。

（五）依照本条规定发送的告知书：

1. 应注明权益性质、范围相关的详细信息；

2. 应提交董事会，并进行记录。

（六）任何董事违反本条规定的行为不影响任何行为、业务、协定、协议、决议或其他事项的效力。

（七）除应遵照本条规定执行外，还应遵照具有利益冲突的相关任何法律和公司章程规定执行。

董事委任、董事薪酬及委任终止

第一百七十三条　董事的委任

（一）公司章程未予规定的，则依照公司其他规章委任：

1. 公司的第一批董事指依照本法第二部分提交的公司成立申请中注明姓名的人员；

2. 第一批董事之后的公司董事应由公司成员通过股东大会普通决议委任；

3. 董事职位突然出现空缺的，即便该董事不包含在会议法定人数中，也应对空缺的董事职位进行填补。但是，前述被聘人员应在完成其委任后举行的公司股东大会上由公司成员进行批准，会议应在委任后 6 个月内召开。

（二）属于公众公司的，依照公司章程或其他相关法律规定，每次年度股东大会举行时应有董事总人数的三分之一或接近三分之一的董事卸任，在某会议中卸任的董事应为自最后选举时间起任期最长的人员。但同一天被委任为董事中的卸任人员由主席决定。

（三）股东大会有关委任一名董事的决议中可只提名一名董事，但可在同一会议上做出委任其他董事的独立决议。

（四）各董事可依据其认为合理的规定委任其中一位或一位以上董事在某个阶段作为公司的总经理，前述人员一旦作为董事卸任，其总经理身份也随之终止。

（五）经其他董事批准，其中一名董事可委任其他个人在某阶段内行使其部分或全部权利，上述候补董事行使董事权利时视为与董事本人行使该权利具有同等效力。委任应以书面形式进行并报送公司，开展前述委任的董事可随时终止委任。

（六）作为私人公司唯一董事或唯一股东的董事可以书面决议委任一名其他董事。

（七）作为公司的唯一董事或股东之人死亡或失去行为能力的，其个人代表或信托受托人可委任任何人担任公司的董事。

（八）公司没有董事或公司董事人数未达到会议最低法定人数的，且依照本法条款或公司章程不能或不可委任董事的，一名股东或注册官可申请法院为公司委任一名或多名董事，法院为公司利益最大化，可依其认为适合的相关条款进行委任。

第一百七十四条　董事的解聘

公司可通过召开解聘董事的股东大会做出普通决议方式解聘某名董事或通过依照本法做出的书面决议解聘某名董事。

第一百七十五条　董事的资格

（一）需持有公司章程规定的股份，未满足该规定的所有董事有责任自其被委任为董事之日起两个月内或章程规定的更短时间内使自己符合上述规定。

（二）自然人应年满 18 周岁。

（三）具有完全民事行为能力。

（四）依照本法或其他相关法律，被限制作为董事履职的人员在其资格受限期间不得作为董事。

（五）未清偿完毕的破产人不得作为董事。

（六）本条规定不得影响公司可在公司章程中加以规定的其他资格，但是，与本条规定所需资格不相违背的公司章程中的所有规定应有效。

（七）即使委任某人作为一名董事时，该人就不具备资格，但该人若履行了董事责任并违反本法或其他相关法律有关作为一名董事的义务，该名董事仍应就自己的行为承担责任。

（八）注册官可颁布通令规定独立董事的资格、权利和责任。

第一百七十六条　董事行为的效力

委任董事后即使发现其有任何不足或不满足本法或公司章程有关委任董事的规定资格的，董事的行为依然有效。但即使委任任何个人作为一名董事的行为有效，也不应视为本条款任何规定适用于该人的无效行为。

第一百七十七条　董事工作的转让

任何以公司章程或个人与公司签订的协议对任何公司的董事或管理人员

将其工作移交给其他人员事宜进行规定的，即使按前述规定开展的业务委托与其他任何规定有任何冲突，在公司以特殊决议通过前也不得产生效力。但董事行使委任一位候补董事以履行其无法履行其工作期间责任的行为，不应视为属于本条规定释义中的工作移交。此外，该候补董事在其委任人履行工作期间不得以董事身份行使任何权利。

第一百七十八条　董事职务的终止

（一）出现下列情形的，该董事职务终止：

1. 对董事委任所需持有股份进行规定的，未在第一百七十五条第（一）款规定的时间内或在此之后的任何时间持续持有规定股份的；

2. 具有司法审判权的法院发现失去民事行为能力资格的；

3. 被判定破产或资不抵债的；

4. 自要求股份筹款之日起 6 个月内未按有关董事持有股份规定要求支付款项的；

5. 未向董事会请假或未委任候补董事，连续 3 次缺席董事会议，或缺席连续 3 个或以上自然月内举行的所有董事会议的；

6. 董事书面通知公司申请辞职的；

7. 死亡的；

8. 依照本法或公司章程规定解聘的；

9. 未获得或不符合本法条款或公司章程规定的董事所需资格的。

（二）本条款任何规定不得禁止公司可在其公司章程中就除本条有关董事工作相关规定以外的因其他原因需解聘董事的规定进行规定的行为。

第一百七十九条　公司秘书

（一）可依董事决议委任秘书。

（二）自然人需年满 18 周岁。

（三）应具有完全民事行为能力。

（四）依照本法或其他相关法律被限制作为董事、秘书或管理人员履职的，在其被限制履职期间不可以秘书身份履职。

（五）本条款规定不得影响公司可在公司章程中就秘书应具备的其他资

格进行规定的权利。但是，与本条中有关资格的规定不相违背的公司章程中的所有规定应有效。

（六）即使委任秘书后发现有任何不足或不具备本法或公司章程规定的秘书委任任何资格的，该秘书的行为依然有效。但即使委任任何个人作为秘书的行为有效，也不应视为本条任何规定适用于该人的无效行为。

有关赔偿金、担保、责任宽免限制和无限制责任的条款

第一百八十条　不得免除董事、管理人员和审计师责任的条款

除本章规定条款以外，对公司董事或管理人员或审计师（无论其是否作为公司管理人员委任）因其做出的依照本法或其他相关法律规定可能属于触犯与公司相关的犯罪（无论是否在公司章程或公司以其他方式订立的合同中予以说明）的疏忽大意、不履行、失职或违反受托行为应对公司承担的任何责任进行豁免的条款视为无效。

第一百八十一条　赔偿金

（一）依照本条规定，公司或相关法人团体不得直接或间接向个人支付应由公司董事、管理人员或审计师承担的下述责任引发的赔偿金：

1. 应对公司或相关法人团体履行的责任；

2. 应对公司或相关法人团体以外的其他个人履行的责任，该责任非由诚实善意行为引起。

（二）本条第（一）款规定不禁止公司或法人团体因个人作为董事、管理人员、审计师就其行为辩护而产生的法律成本做出补偿，以下支出除外：

1. 针对本条第（一）款规定中不应支付赔偿金的某项责任相关法律程序的辩护；

2. 在涉及有罪人员的刑事诉讼中进行辩护的；

3. 在注册官或清算人提请法院做出某项命令的诉讼中，有证据证明法院确需做出某项命令而对前述诉讼进行辩护的；

4. 依照本法申请对某人进行宽免的诉讼案件，法院拒绝前述宽免申请的。

（三）针对本条第（二）款规定中的事项的诉讼也包括上诉。

第一百八十二条　担保

（一）除因下述事项产生的某项责任的诉讼费责任以外，公司或相关法人团体不得直接或间接为公司董事或官员或审计师支付或同意支付某项担保合同的担保金：

1.做出涉及故意违反公司相关责任的行为的；

2.违反第一百六十七条或第一百六十八条规定的行为。

（二）依照其他相关法律条款，本条第（一）款规定对公司或相关法人团体就除第（一）款第1项或第2项所述责任以外的其他责任直接或间接为公司董事或管理人员或审计师支付或同意支付某项担保合同的担保金的行为没有限制。

第一百八十三条　有限责任公司的董事可承担无限责任

在不妨碍本法或其他相关法律条款实施的情况下，本法生效前成立的有限责任公司对在本法生效前委任的各董事或某名董事的责任，在公司章程中已经规定该责任为无限责任的，则可视为其责任没有限制。

董事、管理人员及其他关联方的利益和交易的规定

第一百八十四条　退休权益

（一）依照本条规定，未按第一百八十六条经公司成员批准同意，公司不得向作为公司或相关法人团体的任何管理人员给予与其退休相关的任何权益。

（二）本条第（一）款规定不应限制依照管理人员的劳动聘用合同或与公司订立的类似约定或依法或出于诚实善意应向官员给予的某项权益的给予行为。

第一百八十五条　业务或财产转让的权益

未依照第一百八十六条获公司成员批准同意，公司不得将与本公司或相关法人团体的全部或部分业务或财产转让相关的权益给予本公司或相关法人

团体的管理人员或之前管理人员或前述人员的配偶或亲属或任何相关人员。

第一百八十六条　权益由成员批准

（一）经由某公司或该公司的最终控股公司（若有）和其他相关法人团体的公司成员在股东大会上进行批准的，第一百八十四条或一百八十五条中的权益可获取。

（二）在依照本条第（一）款规定举行的任何会议的会议通知中，应注明与权益相关的详细信息和如何对该权益进行投票决议的相关重要信息。

（三）除对第一百八十四条或第一百八十五条中的管理人员或之前管理人员或可获得权益的其他任何人如何以其他任何个人的代表身份进行投票表决的方式进行规定外，不得就上述权益相关的任何决议进行投票表决。

第一百八十七条　董事薪酬以及给予董事关联人的其他权益

（一）公司董事会可依照公司章程中的限制条款或本法或其他相关法律条款规定批准下述事项：

1. 公司应向董事或董事关联人就其作为董事履职或在其他职位履职支付的薪酬或给予的其他权益；

2. 公司向董事或前董事支付失业补偿；

3. 公司向任何董事或关联人发放贷款；

4. 公司就董事或关联人应偿还的债务做担保；

5. 向董事或关联人给予未在对本条第1、2、3、4项规定中相关事项的执行进行规定的合同中或本法中以其他方式进行规定的其他财务利益；

6. 董事会认可的下述事项：

（1）为公司最大利益；

（2）基于当时情况的合理判断；

（3）从公司角度考虑，所述付款、权益或贷款、担保或合同属于依照不亚于双方自由平等的条件进行的。

（二）董事会批准给予付款、权益、贷款、担保或签署合同后，应在公司依照第一百八十九条保存的权益登记簿中就付款、权益、贷款、担保或合同相关信息进行登记。

（三）依照本条第（一）款规定批准的任何合同给予董事或关联人的薪酬或其他权益无须再依照该条款再次进行批准。

（四）对依照第（一）款规定批准付款、权益、贷款、担保或合同事宜进行投票表决的董事，认为付款的进行、权益的给予、贷款的发放、担保的提供或合同的签署有利于公司利益最大化，或从公司角度考虑属依据不亚于双方自由平等条件进行，或做出行为时的情况属合理的，上述董事应在记录其上述意见的记录中签字确认。

（五）依照第（一）款规定付款、给予权益或提供担保后出现下列情形的，接受付款或获得权益或与提供担保相关的董事或曾经的董事或关联人除可证明进行付款、给予权益、提供担保时的行为属于对公司公正的行为以外，各自应就支付的数额、权益价值或公司因担保支付的数额由本人向公司承担责任。

1. 未遵守本条第（一）款和第（四）款规定的；

2. 依照本条第（四）款规定做出的依据缺乏合理依据的；

（六）依照本条第（一）款规定发放贷款后出现下列情形的，除可证明发放贷款时的行为属于对公司公正的行为以外，即使具有有关贷款相关的规定或协议，董事或关联人依旧应立即向公司归还公司向其发放的贷款。

1. 未遵守本条第（一）款和第（四）款规定的；

2. 依照本条第（四）款规定做出的正式依据缺乏合理依据的；

（七）董事应在下次年度股东大会上向公司成员就付款、权益、贷款、担保或合同相关信息进行详细汇报。

第一百八十八条　董事薪酬、给予董事或关联人的权益应由公司成员批准同意

（一）经公司成员批准同意，公司董事会可依照本条规定，按照公司章程规定或本法或其他相关法律规定，批准向董事或其他关联人给予第一百八十七条第（一）款规定中的付款、权益、贷款、担保或合同。

（二）在向注册官发送举行相关会议的会议通知前，公司应首先报送下述事项：

1. 包含拟提决议文字陈述的拟提会议通知；

2. 一份公司所知悉的有关如何投票表决决议的所有重要信息的拟提说明材料，应包括接受付款、权益、贷款、担保或合同的董事或关联人的详细信息，以及上述付款、权益、贷款、担保或合同相关的详细信息；

3. 应与会议通知一并发送的其他文件，以及与拟提决议相关的其他文件。

（三）注册官应在 28 日内就公司是否可向公司成员发送会议通知做出决定，注册官批准发送通知的或在该规定时间内未做出决定的，公司可向公司成员发送会议通知。

（四）依照本条第（三）款规定做出任何决定后，注册官认为出于维护公司成员利益需要，可要求公司就依照本条第（二）款规定报送的文件进行澄清或更改。

（五）注册官发现有未遵守本条第（二）款第 2 项规定或其他类似重要原因的，可不予批准发送会议通知。

（六）除对董事或相关关联人如何以其他个人的代表身份出席董事会进行投票表决进行规定的以外，董事或相关关联人不得对任何决议进行投票表决。

（七）公司做出决议后 14 日内应按照本条第（一）款规定向注册官报送该决议的一份副本。

董事信息及其他内容

第一百八十九条　董事和秘书的记录

（一）公司应在其注册办公室或存放其登记簿的其他地方保存一份包括下述信息的与董事、候补董事、秘书相关的登记簿：

1. 董事、候补董事或秘书的现用名、曾用名、出生日期、常住地址、国籍及其他国籍（若有）、商业职业（若有）、其他董事职位（若有）或获取的董事职位（若有）的情况；

2. 董事依照第一百七十二条规定披露的权益；

3. 依照第一百八十七条规定给予董事的权益。

（二）董事、候补董事和秘书应分别向公司提供需在按本条第（一）款规定保存的登记簿中进行记录的信息。

（三）作为公司依照第九十七条规定编制报送年度报告的责任的一部分，公司应向注册官报送按规定格式准备的包括上述登记簿中登记内容的年度报告。登记簿中登记的董事、候补董事和秘书发生变更的或任何信息发生变更的，公司应自变更之日起 28 日内按规定格式向注册官报送一份有关上述变更的通知。

（四）应允许公司成员在工作时间内免费查看依照本条规定保存的登记簿，其他任何人员针对每项查看缴纳公司规定的合理费用后可对上述登记簿进行查看。公司可在公司章程或公司股东大会上就每日进行不少于两小时的查看予以规定。

（五）拒绝本条规定的检查的，法院可依据被拒绝人的申请和公司通知下发命令，要求立即对记录材料进行检查。

违反本章条款的规定

第一百九十条　违反本章规定的后果

（一）违反第十八章任何条款规定的，上述违反行为所涉所有董事或受制于相关条款规定的其他个人，分别处罚款 1000 万缅元。

（二）在不限于本条第（一）款规定的情况下，对明知且故意不履行规定的董事或受制于本章相关规定的其他个人应做如下处理：

1. 不履行行为中涉及董事或受制于相关规定的其他个人的不诚实行为的，法院可依照本法规定做出额外处罚；

2. 经注册官申请，法院可阻止上述人员在规定时间内作为公司董事或其他管理人员履职。

（三）本条规定不应限制董事或受制于本章相关规定的个人的其他责任的履行，以及其他个人依照包括下述第一百九十三条和第二百条规定在内的本法或其他相关法律规定针对上述人员进行的任何诉讼的开展。

第一百九十一条　信息或建议的信赖

（一）董事或管理人员对有关决定某名董事是否具有违反本章规定责任或同等法律规定责任的诉讼中的信息或专家建议的信赖属合理，出现下列情形的，则视为董事或管理人员对上述信息或专家建议的信赖具有合理性：

1. 信息或建议由下述人员提出或整理的：

（1）董事有合理理由相信在相关事项中可信赖且具有能力胜任的公司职员；

（2）董事有合理理由相信在相关事项中具有专业水平或能够胜任的专业顾问或专家；

（3）与董事或官员职权范围内事项相关的其他董事或管理人员；

（4）履行不涉及上述董事的董事委员会职权范围内事项的委员会。

2. 对董事有关对公司的了解、公司组织架构和运作的复杂性在内的信息或建议进行独立评估后真诚善意信赖的。

（二）可对本条第（一）款中的假设予以反驳，并可提起诉讼。

第十九章　公司成员的权利与救济

公司成员和他人受不公正对待时的诉讼行为

第一百九十二条　不公正的行为

公司业务相关行为，或公司或代表公司的实际行为或提议的行为或不履行行为，或公司成员或某层级公司成员中的人员做出的决议或提议的决议产生下列情形的，法院可依照第一百九十三条下达某项命令：

（一）违背公司所有成员整体利益的。

（二）对公司成员或处于成员职位或其他职位的人员产生不公正、不公平或差别对待行为的。

针对本章事项，依照遗嘱或依法获得公司任何股份的受让人应视为公司成员之一。

第一百九十三条　法院可下达的命令

（一）法院可依照本条规定下达包括下述命令在内与公司相关的其认为合理的任何命令：

1. 公司清算；

2. 公司现有章程修订或废除；

3. 制定公司未来业务开展的规章；

4. 公司成员或依照遗嘱或依法获得公司股份的受让人购买某种股份；

5. 以适当减少公司股本方式购买股份；

6. 为公司进行起诉、控告、辩护或停止诉讼；

7. 批准公司成员或依照遗嘱或依法获得公司任何股份的受让人以公司名义或代表公司进行起诉、控告、辩护或停止诉讼；

8. 针对公司的某种或全部财产委任财产接管人；

9. 让某人避免参与或做出规定行为；

10. 让某人履行规定行为；

11. 支付赔偿金。

（二）依照本条下达公司清算令的，应对本法有关公司清算的条款或按需修订的条款予以遵守。

（三）依照本条规定下达废除或修订公司章程命令的，若该命令中未批准前述行为的，或公司未事先获得法院批准的，则当上述修订或废除不符合命令中的规定时，公司无权依照第十七条规定修订或废除公司章程。

第一百九十四条　法院命令申请

下述人员可申请下达第一百九十三条第（一）款中与公司相关的命令：

（一）即使申请与针对下述人员的违反行为或不履行行为相关，公司成员依旧可以申请：

1. 在不属于公司成员职位的其他职位任职的公司成员；

2. 作为公司成员之一在公司成员职位任职的公司其他人员。

（二）因选择性减少资本从公司成员登记簿中被除名的人。

（三）申请与停止公司成员身份相关的，则相关被停止作为公司成员之人。

（四）依照遗嘱或依法获得公司任何股份的受让人。

（五）针对公司业务或公司业务相关事项正在调查或已完成调查的事项中的注册官认为合适的人员。

第一百九十五条　需向注册官报送下达的命令

依照第一百九十三条第（一）款下达命令的，申请人应自命令下达之日起 21 日内向注册官报送一份该命令的副本。

派生诉讼

第一百九十六条　代表公司提起或介入诉讼

（一）依照第一百九十七条规定获批准的下述人员可代表公司提起诉讼或介入公司作为案件当事人的任何诉讼，以代表公司诉讼或在诉讼中进行调解或解决处理：

1. 公司或相关法人团体成员、曾经的成员、有权作为成员进行登记的任何个人；

2. 公司的董事、前董事、管理人员或曾经的管理人员。

（二）派生诉讼应以公司名义进行。

（三）取消其他法律有关个人代表公司提起或介入诉讼的权利。

第一百九十七条　提起和介入诉讼的申请和批准

（一）第一百九十六条第（一）款第 1 项中所述人员可向法院申请提起或介入诉讼。

（二）法院认可下述事项的，可批准申请：

1. 公司无法亲自提起诉讼的或对上述事项无法负责处理或无法进行所需处理的；

2. 申请人真诚善意的；

3. 批准申请人的诉讼有利于公司利益最大化；

4. 申请人是为解决处理重要事项申请诉讼许可的；

5. 出现下列情形之一的：

（1）申请人在提交申请前至少 14 日就其申请许可的意图和申请事由书面通知公司的；

（2）即使本条第（1）项中的事由未被认可，但仍适合批准的。

（三）出现下列情形的，可反驳推定为许可批准不利于公司利益最大化：

1. 诉讼：

（1）属于公司对第三人提起的诉讼；

（2）属于第三人对公司提起的诉讼。

2. 公司决定：

（1）不进行诉讼的；

（2）在诉讼中不进行辩护的；

（3）终止、解决或调解诉讼的。

3. 参与上述决定的所有董事：

（1）以合理目的做出的善意行为；

（2）做出决定时不涉及个人利益；

（3）本人就决定事项进行调查后确定公平合理的；

（4）确信许可批准有利于公司利益最大化的。

（四）同等条件下，除普通人无法接受执行的情况外，董事关于上述决定有利于公司利益最大化的信赖视为合理信赖。

（五）针对本条第（三）款中的事项：

1. 不属于公司关联人的个人即为第三人；

2. 公司提起的或针对公司提起的诉讼也包括就前述诉讼裁决提起的上诉。

第一百九十八条　批准提起和介入诉讼之人的替代

（一）向法院申请下达命令替代依照第一百九十七条规定获得许可批准之人的，应由下述人员之一向法院申请：

1. 公司或相关法人团体的成员，或曾经的成员，或有权作为成员之一进行登记之人；

2. 公司的董事、前董事、管理人员或曾经的管理人员。

（二）满足下列条件的，法院应下达命令：

1. 申请人真诚善意的；

2. 所有情况都符合下达命令条件的。

（三）下达的替代他人的命令具有下述效力：

1. 替代决定有利于替代之人的；

2. 其他人已提起诉讼或已介入诉讼的，应视为替代之人已提起上述诉讼或介入上述诉讼。

第一百九十九条　公司成员批准的效力

（一）公司成员批准或认可某种行为的，则该批准或认可：

1. 不应阻止任何个人依照第一百九十七条中的许可批准提起或介入诉讼或依照该条款申请许可的行为；

2. 不得产生依照第一百九十七条许可批准提起或介入的诉讼应为被告利益进行裁决或许可申请应予驳回的效力。

（二）公司成员批准或认可某种行为的，法院针对依照第一百九十七条规定获得许可提起或介入的诉讼中或依照该条规定就诉讼权或介入权进行的申请中的事项（包括遭受的损害）下达命令或做出裁决时，可对上述批准或认可加以考虑。决定下达命令或做出裁决的，还应考虑下述事项：

1. 公司成员决定是否批准或认可某种行为时，公司成员对有关该行为的情况的了解；

2. 公司成员对某种行为的批准或认可是否属于正当事项。

第二百条　法院的一般权力

（一）法院可针对按照获得的许可提起或介入的诉讼或诉讼权与介入权申请下达其认为合适的决定和做出指示，包括：

1. 临时决定；

2. 包含所需调解事项在内的有关诉讼的指示；

3. 要求公司或公司成员做出或不予做出某种行为的决定；

4. 聘用独立人士调查下述事项并向法院报告的命令：

（1）公司财务情况；

（2）相关诉讼的原因产生的事实或情况；

（3）诉讼中的当事人和获得许可之人在诉讼中开支的费用。

（二）法院依照本条第（一）款第4项规定委任的任何个人，应向公司发送适宜的通知后针对其委任相关的业务对公司的记录资料进行检查。

（三）法院依照本条第（一）款第4项规定委任任何个人的：

1.法院应下达确定被聘用人的薪酬和开销承担者的决定；

2.法院可随时变更上述命令；

3.应按上述命令或变更后的命令执行的责任人如下：

（1）诉讼或申请中作为当事人的所有人或任何人；

（2）公司。

4.上述命令或经变更后的命令中规定两名或两名以上责任人的，可在该命令中就每名责任人的责任性质与范围进行规定。

（四）本条第（三）款规定不得影响法院有关费用方面权力的行使。

第二百零一条　法院下达费用开支决定的权力

法院认为下述人员在依照第一百九十七条规定获准提起或介入的诉讼中，或依照该条款进行的诉讼权与介入权申请中开支的费用属合理的，则可在任何时候下达某项命令：

（一）诉讼权与介入权申请人或获批之人。

（二）公司。

（三）诉讼或申请中涉及的其他任何当事人。

第二十章　公众公司募股相关事项

公司招股说明书

第二百零二条　本章条款的适用

（一）除本条第（二）款规定外，本章其他条款适用于公众公司以及就其股份或其他证券销售向公众发出的募股邀请。本章条款的施行除不妨碍本法其他条款或其他相关法律条款规定外，还应依照上述相关法律执行。

（二）除公众公司以外的其他类型的公司不得就其股份或证券销售向公众公开发售，或以向公众发售为目的对公司的证券进行分配或同意分配。

第二百零三条　公司招股说明书的报送

（一）公司、公司代理或提议的公司发行的或与之相关的公司招股说明书应注明日期，对该日期无相反规定的，则该日期应视为公司招股说明书的发行日期。

（二）应在发行之日或该日期前向注册官发送由公司招股说明书中注明的公司董事或提名董事或前述人员书面授权的代表签署的全部招股说明书的一份副本以供其登记，未向注册官提供一份上述招股说明书的副本以供其登记的，该招股说明书不得发行。

（三）注册官不得对未依照本条规定方式注明日期或签字的公司招股说明书进行登记。

（四）应在所有招股说明书的封面注明公司已按照本条所述需求报送一份本公司招股说明书副本以供登记使用。

**第二百零四条　**未按第二百零三条规定报送公司招股说明书就发行上述招股说明书的，应对公司及其明知且故意参与上述发行的人员分别处罚款1000万缅元。

第二百零五条　招股说明书的特定内容

（一）公司、公司代理人、公司组建中的利益相关人及其代表发行的招股说明书应注明下述内容：

1. 公司章程内容、原始股东的姓名、说明介绍、国籍及住址、原始股东认购的股份数量、公司创始人持有的股份数量、公司董事和管理层持有的股份数量或递延股份（若有）数量、公司财产及利润持有人的权益性质和范围、规定发行日期的可赎回优先股数量、规定的发行日期、未规定发行日期的则说明发送告知书的时间、赎回方法。

2. 公司章程规定的董事的股份数量（若有）以及公司章程有关董事薪酬

的规定。

3. 董事、获提名董事、管理人员或获提名管理人员的姓名、说明介绍、国籍和地址、公司章程或任何合同中有关管理人员委任及应向管理人员支付的薪酬的条款和规定。

4. 董事针对股份分配应认购的最低股份额、每股股份申请和分配应支付的金额、第二次及其之后的股份要约销售时过去两年内发出要约邀请分配的股份及其金额、实际分配的股份额及其针对实际分配的股份额支付的金额。

5. 过去两年发行的或同意发行的全部或部分以现金或其他方式支付的股份、债券和其他证券的数量和价值总额,针对仅进行部分支付的事项,就该支付数额进行全部或部分支付发行或同意发行的股份或债券或证券的对价方案。

6. 通过承销方发行股份或债券或证券的,承销方的姓名、董事有关承销方足以履行其承销责任的意见。

7. 以公司招股说明书发出认购邀请获得的收益进行全部或部分支付的公司收购的或获得的或拟收购或拟获得的财产售卖方的姓名和地址,向售卖方支付的现金数额、股份、债券或证券,或售卖方超过一人时或公司成为转购人时向每名售卖方支付的数额,但是售卖方或任何售卖方为企业的,该企业成员不应视为独立售卖方。

8. 公司招股说明书发行后两年内就本条第 7 项所述任何财产进行售卖转让的,收购人就上述每项转让支付的数额;上述任何财产属某项商业活动的,公司招股说明书发行后连续 3 年每年由上述商业活动获得的收益,或商业活动开展持续时间仅 3 年以下的,该阶段每年获得的收益;编制的附于招股说明书中的自招股说明书发行之日起 90 日内的相关商业活动的资产负债表一份。

9. 作为上述财产收购款项支付或即将支付的现金、股份、债券或证券(若有)的金额以及因良好商誉支付的金额(若有)。

10. 过去两年针对认购或同意认购或购买或同意购买公司股份、债券或证券的人员支付的或应支付的佣金或发行的股份相关的折扣数额(若有)。

但是，无须就向分销商支付的佣金予以陈述。

11. 实际或预估的筹备费用。

12. 过去两年内向发起人支付的数额或即将支付的数额，以及针对前述支付制定的对价方案。

13. 有关获得本条第 7 款中所述财产的合同在内的所有重要合同的签订日期和该合同参与人、可查阅重要合同或其副本的时间与地点。但是，本款规定不应适用于针对公司开展的或计划开展的常规业务订立的合同或在公司招股说明书发行之日前两年以上时间内订立的任何合同。

14. 公司审计师（若有）的姓名和住址。

15. 公司提升或公司拟获得的财产中包含的董事权益（若有）的性质和范围的详细说明，或上述董事权益属其作为某企业合伙人获得的权益的，则应说明该企业权益的性质和范围；任何人以现金、股份、其他方式向将成为董事之人或具有资格成为董事之人或就公司提升或组建提供服务的人员或企业支付的或同意支付的所有金额的说明。

16. 公司拥有一种以上股份的，股份在公司会议中的投票权及每种股份所含资本和红利相关权利。

17. 公司章程有关公司会议出席权、发言权或投票权相关的限定或股份转让权限定或董事管理职权限定（若有）的性质和范围。

（二）由在招股说明书发行前就开展商业活动的公司发行的招股说明书，除应包含本条第（一）款所述内容外，还应包含下述报告：

1. 自公司招股说明书发行之日起过去 3 个财年公司审计师按年提交的有关包括子公司（若有）在内的公司的利润报告，报告中应对上述 3 年中公司每年针对公司每种股份支付的红利比率（若有）进行陈述以外，还应对进行红利分配的每种股份的内容、红利分配的资金来源、上述年份中未进行某种股份红利分配（若有）的相关信息、公司招股说明书发行前 3 个月内结束的 3 年内未编制财务报表（若有）的相关情况进行陈述。

2. 直接或间接使用发行股份、债券、其他证券获得的收益或部分收益收购某项商业活动的，由公司招股说明书中提名且获得第一百七十九条规定证书的任何会计师或多名会计师针对公司招股说明书未发行完成前的 3 个财年内开展商业活动所获得的收益按年编制的报告。开展商业活动仅 3 年以下的公司，公司会计师仅针对两年及其两年以下年限编制报告的，则根据此两年或两年以下的报告推定为 3 年以适用本款。

（三）依照相关法律，应在有关某公司或某商业活动收益的本条第（一）款第 8 项所述说明和第（二）款中所述报告中清晰陈述交易成果、交易费用及开销、相关期间内非交易所获得的收入或收益，仅属一次性的收益或收入无须加以陈述，但是应就收益中用于缴纳税收或专项基金的适当数额加以陈述说明。

（四）使用股本以外的其他资金来源支付第二百一十五条第（二）款所述事项所需部分金额的，应包含用于前述支付的应支付金额和资金来源的相关陈述说明。

（五）本条所述公司招股说明书在报纸上进行公告的，公告中无须就公司章程内容、原始股东、原始股东认购的股份数额加以陈述。

（六）本条规定不应适用于邀请公司现有成员、债券持有人认购公司股份或债券或其他证券的传单或告知书，无论是否包含利于他人的放弃权。

（七）本条有关筹备费用或预估筹备费用的规定不适用于自公司商业运营之日起一年以后发行的公司招股说明书。但除有关筹备费用或预估筹备费用规定以外的该条规定适用于由私人公司变更而来的公司的招股说明书。

（八）本条款任何规定不应使任何人依照普通法律或本条以外的本法其他条款应履行的责任受到限制或得以减少。

第二百零六条　租赁获得财产的相关事项应遵照第二百零五条执行

公司应获得的财产属于将以租赁方式获得的财产的，第二百零五条中"售卖方"含义也包括出租方，"购入价"含义也应包括租赁对价，"转购人"含义也包括次承租人。

第二百零七条　特定条件下放弃或通知的无效

（一）要求或约束股份、债券、其他证券申请人不予履行第二百零五条规定的或企图以公司招股说明书未专项规定的任何合同、文件或任何内容相关的通知对前述申请人产生影响的规定视为无效。

（二）公司发布的公司股份或债券或其他证券申请表未与依照第二百零五条规定发布的公司的招股说明书一并发布的，该申请表视为无效。下列情形除外：

1. 善意邀请任何个人订立股份或债券相关的承销协议的；

2. 与未向公众发出要约邀请销售的股份或债券或其他证券相关的。

第二百零八条　任何人违反第二百零七条第（二）款规定的，处罚款1000万缅元。

第二百零九条　不符合第二百零五条规定的情况

发行不符合第二百零五条规定的公司招股说明书的，对知情责任人分别处罚款1000万缅元。

第二百一十条　不符合或违反第二百零五条任何规定的，对公司招股说明书负有责任的董事或其他任何人员可证明下述情形的，不应因不符合规定或违反规定承担任何责任：

（一）未对未公开的任何事项进行认可的；

（二）未遵守或违反规定的行为属董事或其他任何人的无意过失的；

（三）法院认为未遵守或违反行为与重大事项无关或综合考虑整个案件经过认为应豁免的。但针对未履行或违反第二百零五条第（一）款第16项规定事项的行为，证明任何董事或其他个人对未揭露的内容不知情的，不应为上述未履行或违反行为承担任何责任。

第二百一十一条　未发行公司招股说明书的公司的责任

（一）公司未发行与其成立相关的公司招股说明书的，应在第一次分配股份或债券或其他证券前按照联邦部长规定的格式和内容向注册官提交一份由公司董事或被提名董事或前述人员授权的代表签署的代替公司招股说明书的声明，未提交前述声明的，不得对公司的股份或债券或其他证券进行分配。

（二）本条规定对本法其他任何条款的执行没有限制，且适用于其他条款的执行。

第二百一十二条　就股份或债券或其他证券发售发出要约邀请的文件应

视为公司招股说明书

（一）本章条款项下任何公司以向公众发售其全部或部分股份、债券或其他证券为目的针对其分配、同意分配的股份、债券或其他证券向公众发出的发售要约邀请相关的文件应视为公司发行的招股说明书。该行为除应遵守有关规定公司招股说明书内容、公司招股说明书所包含的声明或出现遗漏引起的责任或公司招股说明书其他相关事项的法律、细则外，还应适用于邀请公众认购股份或债券、将股份或证券相关要约邀请接收人作为上述股份或证券的认购人的行为。但是，不得影响发行人有关文件中误导性陈述或文件中所包含的其他内容的责任的履行。

（二）不违背本法所述事项的下述情形，应视为已做出以向公众发售股份或债券或其他证券为目的的公司股份或债券或其他证券的分配或分配协议的证据：

1. 在分配或分配协议达成后 6 个月内向公众就股份或债券或其他证券或前述事项中任何一项发出要约邀请的；

2. 要约邀请发出之日公司尚未获得针对任何股份或债券或其他证券的对价的。

（三）任何或全部要约邀请人应视同公司招股说明书中被提名为董事的人员，适用第二百零九条和第二百一十条规定。第二百零五条规定除适用于公司招股说明书应包含该条款规定的内容之外，还应适用于下述所需补充陈述事项：

1. 获得的或将获得的与发行相关的股份、债券或其他证券的对价净额；

2. 可对上述股份或债券或其他证券已分配协议或拟分配协议进行检查的地点和时间。

（四）本条款项下的要约邀请人为公司或企业的，上述文件由代表公司或企业的全体董事或不少于半数的合伙方签字的，则视为该要约邀请满足要求，上述任何董事或任何合伙方书面授权的代理也可签署上述要约邀请。

第二百一十三条 变更公司招股说明书或取代招股说明书的声明的相关限制

公司任何时候不得以除公司股东大会做出的最终决议以外的规定对公司招股说明书或取代招股说明书的声明中的合同条款进行变更。

第二百一十四条　招股说明书声明的责任

（一）招股说明书邀请任何个人认购公司股份、债券或其他证券的，在发行公司招股说明书之时的公司董事、名义董事、已同意临时或某时期内作为董事的人、发起人、被授权发行招股说明书的人应对因信任招股说明书而认购股份、债券或其他证券的人因上述招股说明书及所含报告、记录、引用中包含的误导性内容或不正确陈述对其造成的损失或损害进行赔偿，下列情形除外：

1. 在股份或债券或其他证券发行之时有确信理由证明任何未按专家指点编写的或未参考机构正式发行的文件编制的误导性或不正确的说明陈述已经正确陈述或内容属实的；

2. 证实以任何专家报告、估价副本或摘录编制的或包含前述要点的说明陈述中包含的误导性、不正确陈述属于真实陈述或以报告、估价的正确副本或摘录进行编制的（但是出现无可信理由确定编制说明或报告或估价的专家具备前述能力的，董事、被提名的董事、发起人或公司招股说明书发行许可人有责任按上述规定承担赔偿）；

3. 官方人员依据相关机构的正式文件副本或摘录编制的或包含前述要点的说明中包含的误导性、不正确描述属于正确陈述或以上述文件的正确副本或摘录进行编制的；

4. 发行公司招股说明书前同意作为董事的人已撤销其作为董事的意愿后，公司未获其许可便发行公司招股说明书的；

5. 在该人不知情或未获得其同意情况下发行公司招股说明书的，在其知悉前述发行后就前述发行是在其不知情或未同意的情况下进行发行的事实以恰当方式告知公众的；

6. 发行招股说明后按招股说明书进行分配前，该人因发现上述公司招股说明书中的陈述存在误导性或不正确而撤销其协议，并就前述事项和撤销以恰当方式告知公众的。

（二）旧法开始生效时已经存续的公司发行股份、债券或其他证券后，以认购股份、债券或其他证券增加资本为目的发行公司招股说明书的，董事未许可前述发行或未对前述招股说明书进行确认的，该董事不应对上述公司招股说明书所含任何陈述承担责任。

（三）公司招股说明书中载有作为公司董事的姓名或同意作为公司董事的姓名的，上述人员在公司招股说明书发行前未同意作为董事或已撤销同意作为董事的意愿的，除未告知上述人员或未获得上述人员的同意发行公司招股说明书外，该公司的董事或许可前述发行的人员有责任对上述人员因公司招股说明书载有其姓名引发的责任或因上述事项对其指控的犯罪或司法程序中进行的辩护中遭受的损害和费用承担赔偿。

（四）依照本条规定负有支付责任的所有董事、被提名作为董事的人员、同意作为董事任职的人员或作为公司招股说明书发行许可人的人员，未出现存在欺骗性失实陈述而他人针对前述事项存在犯罪的，对合同执行事项进行分别起诉的，上述人员有权从承担相同支付责任的其他人员处获取出资款。

配　股

第二百一十五条　配股限制

（一）公司股本不得邀请公众认购。但董事认为招股说明书中的最低股本额必须通过发行股本以满足本条第（二）款规定的，或者联邦部长对其他金额另有规定且已发行，至少百分之五或联邦部长规定的其他比例已付给公司或公司已收到现金的除外。

（二）董事应针对下述事项筹集最低金额的股本：

1. 利用全部或部分发行收益购买或即将购买任何财产的价格；

2. 公司需支付的任何筹备费用和向同意针对公司任何股份认购或同意认购的任何人员支付的佣金；

3. 偿还公司针对上述任何事项的借款；

4. 运营成本。

（三）作为招股说明书中的金额的本条第（一）款规定中所述金额，除应不以现金以外的其他方式进行支付结算外，还应视为本法项下的最低认购额。

（四）自股份申请人处收到的任何资金应存放于指定的任何银行直至本条第（六）款规定中所述应退还之时或依照第二百一十八条获得商业运营证书之时。

（五）单股股份申请应支付金额不得少于股份价值总额的百分之五。

（六）招股说明书发行后超过 180 天的时间内未遵守上述规定的，应将从股份申请人处收到的全部价款无息退还上述申请人；未在招股说明书发行后的 190 天内退还上述价款的，公司的董事应共同或分别就自 190 日满期之日起开始按规定的年利息计算的利息和上述金额进行支付。但发现上述资金损失非董事不当行为或过失造成的，则该董事不应承担任何责任。

（七）要求或约束股份申请人不予遵守本条规定的任何规定视为无效。

（八）除本条第（五）款规定外，本条项下其他任何规定不应适用于初次向公众发出认购邀请的股份分配后的任何后续股份分配。

第二百一十六条　违反第二百一十五条第（四）款规定的发起人、董事或对前述违反行为负有责任的人员应分别处罚款 100 万缅元。

第二百一十七条　不当分配的影响

（一）对于公司违反第二百一十五条规定进行分配的申请人，自公司举行法定会议结束之日起 28 日内提出请求的；或公司无须举行法定会议的，自做出分配之日起 28 日内提出请求的，则上述分配无效，即使公司处于清算中，分配依然无效。

（三）公司任何董事故意违反第二百一十五条有关配股规定的或许可前述违反行为的，应就公司和配股认购人遭受的损失、损害或费用承担赔偿责任。但自配股之日起超过两年的，不得追回上述损失、损害或费用起诉。

第二百一十八条　开始商业运营的限制

（一）本章规定项下的任何公司不得开展任何商业运营或进行任何贷款，下列情形除外：

1.需以现金全额认缴的股份配股为不少于最低认购额的;

2.公司的全体董事就其即将获得的或按协议将获得的每股股份进行支付时,就其有责任以现金支付的与公众认购配股支付比例相同比例的金额进行支付的或就未发行邀请公众认购公司股份的公司招股说明书的公司的股份进行现金支付的;

3.已向注册官提供一份按规定格式就已按上述规定执行的事实进行陈述的由秘书或董事核准的公告的;

4.未发行招股说明书邀请公众认购股份的,应向注册官提供一份取代上述公司招股说明书的声明。

(二)注册官收到符合本条规定的核证公告后,应认证公司有权开始商业运营,该证书即为公司有权开展前述行为的确证。

但针对未发行邀请公众认购公司股份的公司招股说明书的公司,未向注册官提供一份取代招股说明书的声明的,注册官不得出具上述认证。

(三)本条任何规定不应阻止针对认购同时进行的要约邀请发出、股份或债券或其他证券的配股、债券或其他证券申请应支付款项的收取。

第二百一十九条 公司违反第二百一十八条规定开展商业运营的或进行借贷的,在不影响对前述行为负有责任的人员的其他责任履行的情况下,应对每人分别处罚款 100 万缅元。

佣金与折扣

第二百二十条 支付佣金的权力和禁止支付其他佣金或折扣

(一)公司章程许可支付佣金,应支付的或同意支付的佣金未超出许可金额或比率,以及应支付的或同意支付的佣金金额和比率满足下述情况的,本章条款项下相关公司可向无条件或有条件认购或同意认购任何股份的人员或无条件或有条件购买或同意购买任何股份的人员支付佣金:

1.邀请公众认购的股份相关事项在公司招股说明书中进行说明的;

2. 针对未邀请公众认购的股份相关事项，就取代公司招股说明书的声明按规定格式签字声明并向注册官提供的；发行不属于邀请认购股份的公司招股说明书的传单或通知的，在上述传单或通知中公开说明的。

（二）除本条第（一）款规定和第二百二十一条规定外，任何公司不得直接或间接运用其股份或资本款项以支付任何佣金、折扣或津贴予任何人，作为该人无条件或有条件认购或同意认购该公司股份的代价，或作为该人无条件或有条件促致或同意促致认购该公司股份的代价，不论如此运用的股份或款项是否计入该公司所取得的任何财产的买款内，或是计入为该公司进行的任何工作的合约价钱内，亦不论该等款项是从名义买款或合约价中支付，或是以其他方式将该等股份或款项如此运用。

第二百二十一条 对合法付款无限制

公司直接进行的上述付款，依照第二百二十条规定属合法的，则该条中任何规定不应影响公司向中间人支付合法所得款项的权利，公司的供应商、公司发起人或公司资金或股份接受人在支付任何佣金时，应视为有权永久使用或使用其接受的资金或股份的部分金额进行支付。

第二百二十二条 有关资产负债表中的佣金、折扣声明

公司就股份、支付的总额或尚未能销账的资金以佣金方式支付任何金额的，上述所有金额应在公司的所有资产负债表中列示，直至该金额销账为止。

第二十一章 缅甸境外成立的法人的股份发行

第二百二十三条 有关发售股份的要约邀请和发售限制

（一）任何人的下述行为属不合法：

1. 任何法人团体，无论其商业活动地点是否在缅甸，无论其是否已成立，未做出下列行为就对在缅甸境外成立或即将成立的法人团体的股份、债券或其他证券向公众发出任何要约邀请的或在缅甸境内发行或发布针对法人团体的股份、债券或其他证券发售或发行进行邀请的招股说明书的：

（1）在缅甸境内发售、发行或发布法人团体的招股说明书前，应已完成向注册官提供一份至少由两名董事签字认证且由管理机构决议批准的招股说明书副本以供其登记；

（2）已在上述法人团体的招股说明书副本的封面注明招股说明书已按要求报送的事实；

（3）招股说明书已注明日期；

（4）法人团体的招股说明书应遵照本章条款或其他相关法律规定执行。

2. 法人团体不具有依照本章条款或其他相关法律形成的招股说明书而向缅甸境内任何个人发行在缅甸境外成立的或即将成立的法人团体的股份、债券或其他证券的申请表的。但申请表属善意邀请任何个人达成股份、债券或其他证券相关承销协议为目的的，则不适用本款规定。

（二）无论申请人是否有权为他人放弃股份、债券或其他证券，向法人团体现有成员或债券持有人发送法人团体的股份、债券或其他证券相关的该法人团体招股说明书或申请表的行为不适用本条规定。但是，受限于前款规定，本条款仍应适用于法人团体成立时或成立后发行的与之相关的法人团体招股说明书或申请表。

（三）法人团体视同本法释义中的公司，针对在缅甸境外成立的法人团体的股份、债券或其他证券的出售向公众发出要约邀请的任何文件应视为法人团体依照第二百一十二条规定发行的一份法人团体招股说明书，同时应将前述文件视为法人团体针对本条事项发行的一份该法人团体招股说明书。

（四）无论是否有主要人员或代理将股份、债券或其他证券出售或购买作为正常商业活动或正常商业活动的一部分在经营，针对股份、债券或其他证券的认购或出售向任何个人发出的要约邀请不得视为针对本条项下事项向公众发出的要约邀请。

（五）第二百二十三条至二百二十七条中所述法人团体的招股说明书、股份、债券和证券的释义同样适用于依照本法成立的任何公司的相关事项。

第二百二十四条 任何人明知违反第二百二十三条规定，仍向公众发出要约邀请的或发行或发布法人团体招股说明书的或发行股份、债券或其他证券申请表的，应处罚款 1000 万缅元。

第二百二十五条　**法人团体招股说明书要求**

（一）在遵照第二百二十三条第（一）款第 1 项第（2）（3）款规定和本章条款执行的情况下，法人团体招股说明书应：

1. 包含下述事项相关内容：

（1）企业法人的目标；

（2）企业法人成立文件或法人团体组织架构设定文件；

（3）法人团体成立生效适用的任何法律或法律条款；

（4）可查阅上述文件、法律或法律条款或这些文件的副本或按规定方式翻译成缅文或英文后的前述文件的核证副本原件（前述文件为外文的）的缅甸境内地址；

（5）法人团体成立日期、国家；

（6）法人团体在缅甸境内是否有开展商业活动的地点、是否作为本法项下公司进行注册，若有，应注明在缅甸境内的主要营业地址。

2. 按本条规定列入第二百零五条第（二）款规定事项和上述条款中所述报告。第二百零五条所述公司章程任何引用内容应视为法人团体章程所含引用内容。

（二）要求或约束股份或债券或其他证券申请人不予履行本章规定的任何规定或以法人团体招股说明书未专项规定的任何合同、文件或任何内容相关的告知企图对前述申请人产生影响的任何规定皆视为无效。

（三）未遵照本章条款执行或违反本章规定的，对招股说明书负有责任的董事或他人在下列情况下不应因上述不遵守行为而承担任何责任：

1. 未对未公开的任何事项进行认可执行的；

2. 未履行或违反规章的行为属董事或他人的无意过失的；

3. 法院认为未履行或违反行为与重大事项无关或综合考虑整个案件经过认为应豁免且准予豁免的。针对未履行或违反第二百零五条第（一）款第 16 项规定事项的行为，可证明任何董事或其他个人对未揭露的内容不知情的，不应对上述未履行或违反行为承担任何责任。

（四）本条中的任何规定不得使普通法律、本条款以外的本法的其他任何条款或其他任何相关法律规定的任何个人应履行的任何责任受到限制或得以减少。

第二百二十六条　发售股份的限制

（一）任何个人不得针对在缅甸境外成立的法人团体的股份、债券或其他证券的认购或购买挨家挨户向公众发售。

（二）本条中的"家"一词不应包含商用办公室。

第二百二十七条　任何人违反第二百二十六条规定的，处罚款 1000 万缅元。

第二十二章　公司可进行的抵押和财产负担

第二百二十八条　可进行抵押和财产负担的权力

（一）遵照公司章程和其他相关法律规定，在不影响本法或其他任何相关法律赋予的其他权力的情况下，公司有权开展第二百二十九条规定所述的抵押和财产负担。注册官应就公司或抵押权人或负担权人或代表前述人员的人员提交的上述抵押和财产负担予以登记。

（二）《不动产转让限制法》或具有同等效力的其他任何相关法律对下述事项没有限制的，下述事项不得视作违反上述条款的行为：

1. 开展第二百二十九条中所述抵押或财产负担的；

2. 在实现作为抵押或财产负担的任何财产的价值过程中，行使抵押或财产负担相关抵押权人或负担权人或其代表可行使的权利的。

与抵押和财产负担相关的信息

第二百二十九条　未经登记的抵押和财产负担无效

（一）公司在本法生效后进行的抵押或财产负担属下述情形的：

1. 为保证债券发行的；

2. 设定于未筹股本之上的；

3. 设定于不动产或附着于该不动产的任何权益之上的；

4. 设定于公司账面债务之上的；

5. 设定于动产（存货除外）之上且不属于质押的；

6. 设定于公司业务或财产之上的浮动抵押。

自做出抵押或财产负担之日起 28 日内未向注册官提供满足规定格式的抵押或财产负担说明和经核证的进行抵押或财产负担或可证明抵押或财产负担的文件副本的，则按照本条第（二）款规定交付的设定于公司财产或业务之上的担保对清算人和公司债权人无效。为确保上述事项中涉及担保款项退还的任何合同或任何责任不受影响，抵押或财产负担依照本法失效时应立即支付上述事项中的担保款项。

（二）本条第（一）款规定中的事项适用于下述事项：

1. 仅针对位于缅甸境外的财产在缅甸境外进行抵押或财产负担的，相关文件或副本已尽力通过邮局发送的，应以抵押或财产负担做出之日后 28 日取代自缅甸境内可收到通过邮局发送的文件或副本的日期之日起 28 日内向注册官提供相关的材料、文件或副本。

2. 抵押或财产负担属于针对缅甸境外财产在缅甸境内进行的抵押或财产负担的，可提交已进行或计划进行抵押或财产负担的文件或按规定方式进行证实的文件的一份副本以供登记。使抵押或财产负担依照财产所在国法律生效或产生效力做出的其他所需行为与前述行为无关。

3. 针对公司账面债务做出支付担保转让协议的，作为向公司支付预付款的合同担保金不得视为本条项下针对上述公司账面债务进行的抵押或财产负担。

4. 对与不动产财产负担相关的债券的持有不应视为享有该不动产的任何权益。

（三）依照本条规定应登记的公司的抵押或财产负担已完成登记的，则视为上述财产或部分财产、股份或设定于股份之上的任何权益的权利人自前述登记之日起已收到上述抵押或财产负担的告知。

第二百三十条　财产负担所获财产相关的财产负担的登记

公司拥有的任何财产涉及抵押与财产负担的，若抵押及财产负担在公司获取财产之后，且需依照本章规定登记的，公司应自获得上述财产之日起28日内向注册官提供符合规定格式的财产负担材料和按规定方式证实的设定财产负担或证明财产负担的证明材料的副本以供其登记。但针对位于缅甸境外的财产在缅甸境外做出财产负担的，已尽力通过邮局发送相关文件副本的，应以获得财产之日后28日取代自缅甸境内可收到上述文件之日起28日内向注册官提交相关材料、文件的副本。

第二百三十一条　未履行第二百三十条规定的，对公司及知情且故意违反规定的公司的董事或其他管理人员分别处罚款25万缅元。

第二百三十二条　债券持有人同等权利的特殊事项

公司对其他任何协议或债务支付担保中指明债券持有人具有同等权益的债券或对该指明项下的债券进行确定时，在包含财产负担的某项协议签订后的28日内或没有上述协议的在债券做出后向注册官提交下述材料的，视为完全满足第二百二十九条规定事项：

（一）以全部债券进行担保的总金额。

（二）做出许可发行所有债券的决议的日期和债券成立或确定的承保说明书。

（三）进行财产负担的财产的一般描述。

（四）支付注册官规定的费用后，将债券受托人（若有）的姓名和包含财产负担的协议或按规定方式进行证实的该协议的一份副本或任何债券（没有前述协议的）交与注册官，由注册官登记入登记簿。债券多次分批发行的，每次都应向注册官提交每次发行的数额和日期以补充登记入登记簿；未履行该规定的行为不影响发行的债券的效力。

第二百三十三条 与债券佣金相关的特殊事项

公司直接或间接向无条件或有条件认购或同意认购公司任何债券的，或无条件或有条件购买上述债券或帮助推动或同意帮助推动前述债券购买的人员支付或安排佣金、补贴或折扣的，应在依照第二百二十九条和第二百三十二条规定要求提交登记的所需材料中对公司已支付的或已安排的佣金、补贴或折扣数额或百分比相关内容加以陈述。未履行前述规定的行为不影响发行的债券的效力。但债券的保证金作为财产负担的，不得视为本条项下以折扣发行的债券。

第二百三十四条 抵押和财产负担登记簿

（一）注册官应就本法生效后公司进行的所有抵押和财产负担以及第二百二十九条要求登记的所有抵押和财产负担以公司为单位针对每一公司设定一个登记簿，收取规定费用后，在登记簿中对与所有抵押或财产负担相关的日期、担保数额、进行抵押或财产负担的财产相关的信息概况、抵押权人的姓名或负担权人的姓名在登记簿中进行登记。

（二）对本条第（一）款中的信息进行录入后，注册官应将按照第二百二十九条或第二百三十二条规定提交的协议（若有）或经证实的该协议的副本返还提交人。

（三）任何人缴纳规定费用后可查阅按本条规定设定保存的登记簿。

第二百三十五条 抵押和财产负担的索引

注册官应按照依照本法登记的抵押或财产负担时间按规定内容编制抵押和财产负担登记索引。

第二百三十六条 登记证书

注册官应就第二百二十九条规定登记的任何抵押或财产负担颁发一份记录有担保额的登记证书，该登记证书应成为已经按照第二百二十九条至第二百三十四条规定完成登记的确证。

第二百三十七条 债券或信用债券的背书

公司应按第二百三十六条规定，对公司发行的所有债券或信用债券证书和已登记的抵押或财产负担担保支付等登记证进行背书。

本条中的任何规定均不应解释为要求公司就抵押、财产负担成立前公司发行的抵押或财产负担的登记证明背书。

第二百三十八条 登记相关的公司义务和相关方的权利

（一）公司有义务按规定格式向注册官提供第二百二十九条要求登记的抵押或财产负担、发行的债券以供其登记，上述任何抵押或财产负担的任何相关方可申请对前述抵押或财产负担进行登记。

（二）依照本条规定对已登记的抵押或财产负担的条件或范围或操作进行修改的，公司有义务向注册官提供上述修改内容。本条有关抵押或财产负担的规定同样应适用于上述抵押或财产负担修改。

第二百三十九条 将抵押或财产负担相关协议副本存放于公司注册办公室

所有公司应在公司注册办公室存放针对第二百二十九条所需登记的抵押或财产负担订立的所有协议的副本各一份，但对于同序列债券，只需存放一份该债券的副本即可。

第二百四十条 财产接管人的委任登记

若某人收到委任为公司财产接管人的命令或依照任何协议被委任的，应自命令做出之日起或依照协议进行委任之日起 28 日内按规定格式向注册官提交有关上述信息的通知，注册官须在与抵押或财产负担相关的登记簿中对前述信息进行补充登记。

第二百四十一条 未履行第二百四十条规定的任何人，均应处罚款 25 万缅元。

第二百四十二条 财产接管人的账目填报

（一）根据任何协议委任的公司财产接管人自接管上述财产后整个履职期间应每 6 个月一次和相关期间内（财产接管人停职的）就其所接收财产和所付的款项按规定格式整理一份摘要提交注册官。财产接管人停职的，应通知注册官，注册官须在抵押或财产负担相关的登记簿中对前述通知进行补充登记。

（二）委任公司财产接管人的，应在含有公司名称的发货单、订货单或公司或公司代理或公司财产接管人发出的商业信函中就已委任一名财产接管人的事实进行说明。

第二百四十三条　未履行第二百四十二条规定的公司和明知且故意许可前述行为的公司的董事、其他管理人员或财产接管人，应分别处罚款 25 万缅元。

第二百四十四条　抵押登记簿的修正

（一）法院发现未向注册官就未在第二百二十九条规定的时间内履行抵押或财产负担登记，或就前述抵押或财产负担相关任何信息出现的遗漏、误导性陈述，或就进行抵押或财产负担时有任何债务需要支付等事宜进行通知的事项属意外、非故意或由其他事由导致的或对公司债权人、股东没有影响或有其他可宽免的事由的，经公司或其他任何相关方申请且法院认可的，法院可通过制定公平合理的规章对登记时间进行延期或要求对遗漏或误导性陈述进行修正。此外，法院认为合理的，还可针对申请下达有关费用方面的某项命令。

（二）法院对抵押或财产负担的登记时间进行延长的命令不得影响抵押或财产负担登记时间前获得的与相关财产相关的任何权利的执行。

第二百四十五条　抵押和财产负担实现条件的登记

（一）公司有责任自完全履行完第二百二十九条规定须登记的抵押或财产负担支付或实现条件之日起 28 日内向注册官员就前述事项进行通知。此外，抵押权人或负担权人应就支付或实现条件进行记录并书面通知。

（二）收到本条第（一）款中的通知后，除出现任何其他事由以外，注册官应在登记簿中补充记录一份前述应遵循事项相关的记录，并应按需向公司提供该记录的一份副本。

第二百四十六条　罚则

（一）任何公司未就下述事项向注册官提供相关资料登记的，除登记是依照他人申请进行的以外，公司、董事或其他管理人员或故意参与前述行为的人员应处罚款 25 万缅元：

1. 与公司进行的任何抵押或财产负担相关的；

2. 与已完成依照第二百二十九条或第二百三十条规定登记的抵押或财产负担相关的债务偿还或实现条件相关的；

3. 与发行依照本法前面所述条款须在注册官处登记的序列债券相关的。

（二）有关上述事项，公司未依照本法有关须在注册官处进行登记的规定就其进行的抵押或财产负担进行登记的，公司和明知且故意批准前述行为的公司董事或其他管理人员，在不影响其履行其他责任的情况下，应分别处罚款 25 万缅元。

（三）任何人明知且故意许可将未包含再次背书的登记证书副本的依照本法前面所述条款须在注册官处登记的任何债券或信用债券证书进行提交的，在不影响其履行其他责任的情况下，应处罚款 25 万缅元。

第二百四十七条　抵押和财产负担的公司登记簿

任何公司都应编制公司抵押和财产负担登记簿，并在该登记簿中对公司财产相关的所有抵押和财产负担、公司经营业务或任何财产相关的浮动抵押、进行抵押或财产负担的财产相关概述、抵押或财产负担的金额和抵押权人或相关方的姓名进行说明。

**第二百四十八条　**未按第二百四十七条进行所需说明的，对明知且故意许可前述行为的公司的董事或其他管理人员处罚款 25 万缅元。

**第二百四十九条　**对抵押或财产负担协议副本、抵押或财产负担的公司登记簿的查阅权

应许可抵押权人或公司成员在适当时间免费查阅依照第二百三十九条规定存放于公司注册办公室的依据本法应向注册官提交登记的抵押或财产负担协议副本和依照第二百四十七条保存的抵押和财产负担相关的登记簿，同时可许可其他任何人员在缴纳公司规定的费用后对前述抵押和财产负担相关的登记簿进行查阅。

**第二百五十条　**公司拒绝查阅第二百四十九条中所述副本或登记簿的，处罚款 25 万缅元；故意许可前述拒绝行为的公司的董事或其他管理人员应分别承担相同处罚。法院还可发布强制立即查阅上述材料的命令。

**第二百五十一条　**查阅债券持有人登记簿的权利和获取信托协议副本的权利

（一）除章程规定不可查阅的时间外（任何年份中总天数不超过 30 天），应许可债券合法持有人或公司的任何股东对公司债券持有人相关的所有登记簿进行查阅，但应遵照公司股东大会做出的合理的限制规定，在许可查阅的每个日期内至少可许可其查阅两小时，前述持有人可缴纳公司规定费用后获取所述登记簿或登记簿的部分内容的一份副本。

（二）债券持有人索取债券发行担保信托协议副本的，公司应要求前述人员缴纳规定费用后向所述人员提供副本。

第二百五十二条　拒绝第二百五十二条中的查阅权的或拒绝提供或发送一份副本的，应对公司处罚款 25 万缅元，故意许可前述行为的公司董事或其他管理人员应分别承担相同处罚。此外，法院还可下达要求立即许可查阅上述登记簿的命令。

第二百五十三条　浮动财产抵押债务支付优先于浮动财产负担请求

（一）浮动抵押担保的公司债券的持有人代表委任财产接管人的或财产负担所含或所涉及的任何财产的上述债券持有人或其代表获得所有权的，公司未在清算期间的，第五部分所涉及的所有清算事项中应优先于其他债务偿还的，应从财产接管人或获得所有权之人即将获得的资产中进行支付，并应优先于与债券相关的本金或利息付款请求进行支付。

（二）第五部分条款所述时间规定应自财产接管人委任之日起或自获得上述所有权之日起开始计算。

（三）本条款项下的所有支付应尽可能从债权人用于支付的公司资产中进行支付。

第二十三章　财产接管人委任、资料编制、外国法人进行的财产负担登记

第二百五十四条　外国法人相关财产负担登记

第二百二十八至第二百三十九条规定和第二百四十四至第二百五十二条规定中的条款适用于依照本法作为外国法人登记注册的在缅甸境内具有固定营业地在缅甸境外成立的法人团体，针对获得并拥有的缅甸境内的财产进行的财产负担或获得具有财产负担的缅甸境内的财产的行为。

第二百五十五条 财产接管人委任通知

第二百四十条至第二百四十三条所述条款按需适用于依照本法作为外国法人登记注册的在缅甸境内有固定营业地的在缅甸境外成立的所有法人团体。

第二百五十六条 资料和档案的保存

第二百五十八条规定在涉及依照本法作为外国法人登记注册的在缅甸境内具有固定营业地的在缅甸境外成立的法人团体依照上述条款将其收到的或用于商业活动的资金、进行的与商业活动相关的购销活动、资产与负债等财务报告保存于缅甸境内主要商业活动地点时，应适用于该法人团体。

第二十四章 财务报告和审计

第二百五十七条 本章适用范围

（一）有关下述事项，应依照《缅甸会计委员会法》和其他相关法律规定执行本章条款：

1. 须保存的账簿；

2. 须向公司成员提交的财务报表和报告；

3. 编制上述账簿和报告应遵守的会计准则；

4. 审计上述账目应遵守的审计准则。

（二）本章条款或依照本章条款出台的规定与《缅甸会计委员会法》所含条款或依照该法出台的规定存在任何分歧的，应遵照《缅甸会计委员会法》相关条款或依照该法出台的规定执行。

（三）未出现下列情形的，第二百六十条至第二百六十八条规定及第二百七十九条第（二）款规定不得适用于小型公司：

1. 公司章程适用上述条款规定或包含相同规定的；

2. 公司成员做出一般决议决定适用上述条款的；

3. 注册官认为应适用上述条款的。

第二百五十八条　公司应保存的用以编制财务报表、账簿和账目的记录

（一）公司应按照会计准则以缅甸语或英语就下述事项做好财务记录以编制财务报表：

1. 公司收到的或支出的资金总额或与收到的或支出的资金相关的事项；

2. 公司出售或购买的商品；

3. 公司的资产与负债；

4. 本法或其他相关法律规定的财务其他事项。

（二）记录应保存于公司的注册办公室或董事认为合适的其他地方，并允许董事在工作时间内查阅。

第二百五十九条　董事或其他任何管理人员故意或疏忽导致公司未履行第二百五十八条规定的，应针对上述人员就上述不履行行为处罚款 75 万缅元。

第二百六十条　年度资产负债表

（一）本条项下所有公司的董事应在自公司成立之日起 18 个月内应举行的以及此后每个日历年至少举行一次的股东大会上就本法或其他相关法律所需财务报表进行汇报，汇报应包括资产负债表、损益表、尚未开始商业运营的公司的相关期间的收支账目、会议举行前不早于 9 个月的时间内编制的账目（公司成立后的第一份账目或已经编制一份账目的）、不超过 12 个月时间内编制的账目（正在开展商业活动的或在缅甸境外获得收益的公司）。

注册官发现存在特殊事由的，可对上述期限进行延期，延期时间不得超过 3 个月。

（二）财务报表须按本章后续规定由公司的审计师进行审计，审计报告须和该报表一并提交，或者对报告中的引述在财务报表的脚注中加以注明。该报告还应在董事会上报告后存放以确保公司成员可查阅。

（三）本条款项下的所有公司应将审计完毕的上述财务报表的一份副本和审计报告的一份副本与会议邀请函一并发送至公司成员登记注册的地址。此外，在会议举行前至少提前 21 日应将上述资料的一套副本存放于注册办公室以供公司成员查阅。在不影响本法或其他相关法律的情况下，可依照本条款在公司章程中对可以以电子方式向公司成员发送财务报表的内容进行规定。

第二百六十一条　董事报告

（一）本条项下任何公司的董事编制财务报表时，应编制包括公司业务开展情况、作为红利进行分配的金额（若有）、资产负债表中专门列明的准备金、一般准备金或公积金账户存放的资金金额（若有）或与后续财务报表一并提交的后续资产负债表中专门列明的准备金、一般准备金或公积金账户中存放的资金金额（若有）等内容在内的一份报告。

（二）在本条第（一）款规定所述报告中还应包含一份公正的公司商业活动分析报告，该分析报告应包括公司基本商业活动介绍、上述年份内公司业务情况分析说明、公司所面临的困难和不确定因素说明以及其他规定所述事项说明。授权董事准备上述报告的，报告可由作为董事代表的主席进行签字。

（三）第二百五十九条规定适用于明知且故意不履行本条规定的董事或其他任何管理人员。

第二百六十二条　资产负债表应包含的内容

（一）本条项下的任何公司的财务报表中应包含的资产负债表应包含公司财产、资产、资本与债务概况说明以及上述债务与资产的一般情况说明、固定资产价值计算方式说明等内容。

（二）应依照会计准则使用的格式或其他相关法律规定所需其他格式编制资产负债表。

（三）本条项下的任何公司的财务报表中包含的损益表应包含向董事就其服务以服务费、百分比或其他方式进行支付的报酬总额相关声明材料、按公司成员做出的特殊决议按需向其他任何管理人员支付的报酬和用于财产折旧的总金额的说明。公司的任何董事直接或间接被公司委任为其他公司的董事的，上述董事以董事身份或与管理相关的其他方式获得的自用的报酬或其他薪酬和补贴应在账目的脚注中或一并提交的报表中进行备注。

第二百六十三条　资产负债表中子公司相关情况

（一）本法项下任何公司为控股公司的，应按照缅甸会计委员会颁布的会计准则于编制上述公司的资产负债表时，同时编制上述公司与依照本法或其他相关法律规定应编制财务报表的所有子公司的整体财务报表。

（二）控股公司的董事因任何原因未获得编制本条第（一）款规定报表所需信息的，签发资产负债表的董事应以书面形式报告上述事项，并以其报告替代上述报表附于资产负债表中。

（三）控股公司就查阅子公司按第二百五十八条规定保存的财务记录做出任何决定的，应许可该决定中所述代表查阅该财务记录。做出上述决定后，应确保上述代表可在工作时间内的任何时间对财务记录进行查阅。

（四）依照第二百六十八条规定赋予公司成员的权利，在涉及子公司的任何事项中，控股公司成员可视同上述子公司成员行使前述被赋予的权利。

第二百六十四条　资产负债表认证

本章条款下任何公司须保存的资产负债表应由一名董事和一名其他管理人员签字，但只有一名董事的公司，可由该名董事签字。

第二百六十五条　未按要求向公司提交本章所需资产负债表或发布该资产负债表的，或违反第二百六十条、第二百六十二条、第二百六十三条和第二百六十四条规定发行、发布或公布财务报表、损益表或收支账目表或其他财务报表的，应对公司及知情并故意参与前述行为的公司的董事或其他管理人员分别处罚款 500 万缅元。

第二百六十六条　应向注册官发送的财务报表副本

（一）在公司股东大会上报告完财务报表后，由公司任何董事或秘书签字的上述财务报表的一份副本应在依照第九十七条规定编制的年度公司成员名单和总结副本提交时间内提交注册官。

（二）董事会未通过的财务报表，应将未通过的内容和原因说明附于财务报表中，同时附于应向注册官提交的其他文件副本中。

（三）本条规定不适用于任何私人公司。

第二百六十七条 公司违反第二百六十六条规定的，应对上述公司及知情且故意许可前述行为的公司的董事或其他管理人员分别处罚款 25 万缅元。

第二百六十八条 公司成员有权获取财务报表和审计报告副本

除本法其他条款另有规定外，公司任何成员有权获得公司依照本章规定编制的财务报表的副本。

注册官的调查

第二百六十九条 注册官要求提供信息或说明的权力

（一）注册官对公司依照本法规定应向其提交的文件进行审核后认为有需要提供相关信息或说明以使上述文件中的相关事项更加完善的，注册官可发送一份书面通知并要求公司在通知规定的时间内书面提交所述信息或说明。

（二）收到本条第（一）款中的通知后，公司的董事或管理人员或曾经的董事或管理人员有责任认真整理并提供上述信息或说明。

（三）注册官收到上述信息或说明后，可与已提交给注册官的文件原件一并保存，注册官应按照有关文件原件审查或获取副本的相关规定对一并保存的后续任何文件进行审查或获取副本。

（四）未在规定时间内编制提交上述信息或说明的或注册官阅读完上述信息或说明后对就所询问的文件相关内容的编制回答不满意的或未对相关事项进行完整陈述的，注册官可将上述情况书面报告联邦部长。

（五）收到有关任何分担人或债权人向注册官提交的材料中存在描述公司商业活动存在欺骗债权人而为之的或存在欺骗与公司有业务往来之人而为之的或以欺骗为目的为之的消息的，注册官在以书面通知给予公司书面解释的机会后可在通知规定的时间内就通知中规定事项相关的信息或说明向公司进行询问。本条第（二）款、第（三）款和第二百七十条规定适用于上述通知。注册官调查后发现依照本条处理的任何请求属于尚未达到处置程度或琐屑事项的，注册官应将上述消息提供者的信息告知公司。

（六）本条规定的效力同样及于公司依照本法规定向清算人提交的文件。

第二百七十条　对拒绝或不履行按照第二百六十九条规定编制发送所需的信息或说明的任何个人，应就每项行为处罚款 500 万缅元。此外，经注册官向法院申请，法院可就通知公司提交上述材料向公司下发命令。法院认为注册官有必要进行调查的，可以相关规定批准注册官进行调查。

调　查

第二百七十一条　调查员对公司业务的调查

（一）出现下列情形的，联邦部长可依照本条第（二）款规定委任有资质的一名或一名以上调查人员对公司业务进行调查，并按照联邦部长规定的方式对调查情况进行报告：

1. 拥有股本的公司，持有不少于该公司发行股份的十分之一股份的股东提出申请的；

2. 没有股本的公司，不少于公司股东登记簿中人数的五分之一的股东提出申请的；

3. 任何类型的公司，注册官依照第二百六十九条第（四）款规定报告的；

4. 任何类型的公司，注册官为公众利益确信需要进行调查并提出调查要求的。

（二）在依照本条第（一）款规定委任调查人员前，联邦部长须已确信下述情形：

1. 公司或该公司任何董事或管理人员可能已触犯本法或其他相关法律规定的；

2. 本条第（一）款第 1 项和第 2 项所述申请内容的理由善意合理的。

第二百七十二条　联邦部长的直接调查权

联邦部长为维护公众利益可随时指示依照本法委任的有资质的一名或一名以上调查人员对公司业务进行调查。

第二百七十三条　调查申请应提交依据材料

任何公司股东依照第二百七十一条提出申请的，应提供联邦部长认为有必要提供的证明该公司或公司的任何董事或管理人员可能已触犯本法或其他相关法律规定的依据、申请此项调查的证据材料及非以损害为由提出申请的证据。联邦部长在委任调查人员前，可要求调查申请人做出支付调查费用的担保。

第二百七十四条　账簿检查和对管理人员调查

（一）公司的董事或管理人员或所有曾经的公司人员有责任向调查员提供公司保存的所有账簿和文件或公司相关的权力。

（二）调查员可询问公司商业活动相关的人员。

第二百七十五条　对第二百七十四条中的公司业务相关的个人有责任提供的账簿或文件或询问的问题拒绝提供或回答或未按规定履行法定义务的个人，对每项违反行为处罚款 500 万缅元。

第二百七十六条　调查结果与报告提交

（一）调查结束时，调查员应将调查结果形成报告报联邦部长，同时向注册官和公司注册办公室各发送一份报告副本。调查申请人申请的，可提供一份副本给该申请人。

（二）联邦部长可要求公司支付所有调查费用，部长未明确要求的，由调查申请人支付。但依照第二百七十一条第（一）款第 3 项或第 4 项规定所开展的调查相关费用应从公司资产中支付，并视同未缴税费进行收回。

（三）注册官应将发送至注册官的报告与其保存的公司档案资料一并存放。

第二百七十七条　起诉

（一）联邦部长有充分理由确信依照第二百七十一条或第二百七十二条编制提交的报告中有关任何个人已触犯本法或其他相关法律规定属实的，部委应就该事项向联邦最高检察院征求法律意见。

（二）联邦最高检察院建议对上述事项提起诉讼的，注册官应提起诉讼。诉讼中，除被起诉人以外的曾担任或现任公司董事、管理人员及代理人有责任提供诉讼相关协助。

（三）本条第（二）款事项中所提及的公司相关"代理人"应包括公司作为公司管理人员或非公司管理人员委任的银行业者、公司法律顾问与审计师。

（四）对因依照本条规定提起的诉讼被定罪的公司的任何董事或管理人员，自判决之日起 5 年内，未经法院批准，不得以任何方式参与任何公司管理相关工作、不得直接或间接参与公司管理以及不得被委任为董事。

第二百七十八条　调查员报告可作为证据材料

依照本法委任的调查员的报告复印件，经由被调查公司盖章或联邦部长核证属实的，报告所含事项相关的调查员的观点应在任何诉讼事件中作为证据采纳。

审计师

第二百七十九条　审计师资格和委任

（一）任何未持相关法律授权的任何个人或机构颁发的担任公司审计师的证书的个人，不得被委任为公众公司、公众公司子公司的审计师。但对于持有上述证书且在缅甸境内有业务合伙人的团体，可以该团体名义委任其为任何公司审计师，并以该团体名义开展工作。

（二）与本条规定相关的所有公司应在每届年度股东大会上委任一名或多名审计师直至下次股东大会召开。

（三）应当聘用审计师但在年度股东大会上未委任的，经公司股东申请，联邦部长可为公司委任一名本年度审计师，并就公司向该审计师支付的服务报酬进行规定。

（四）不得委任下述人员作为公司的审计师：

1.公司的董事或管理人员。

2.上述董事或管理人员的合伙人。

3.公众公司或公众公司子公司中由上述董事或管理人员聘用的任何

人员。

4. 公司债务人。任何人被委任为审计师后出现欠有公司债务的，其聘用自欠债之日起解除。

（五）在向公司股东发送年度股东大会通知前不晚于 14 日的时间内，任何公司股东未就拟提名除退休审计师以外的其他任何人担任审计师职务事宜向公司发送通知的，此人不得在年度股东会上被委任为审计师。公司应向已退休审计师发送一份前述通知副本，并将该通知与会议通知一并发送至公司股东。此外，还可将该通知作为广告刊登或依照公司章程规定的其他形式进行处理。但在关于拟委任一名审计师的通知发出后 14 日或少于 14 日的时间发送股东大会通知的，应视为符合本条有关拟委任审计师通知的时间规定要求，并依照年度股东会通知发送的时间发送上述通知。

（六）在法定公司大会举行前，公司的董事可委任公司的首届审计师，公司股东未通过股东大会任何决议解除，则可委任前述人员作为审计师直至第一届年度股东大会，在第一届年度股东大会前解除委任的，则公司股东可再行委任审计师。

（七）董事可对审计师临时空缺职位进行填补，但是前述空缺仍在继续的，可由尚存或留任的一名或多名审计师（若有）担任。

（八）审计师报酬应在股东会上确定。但法定公司会议举行前委任的审计师的报酬或为临时空缺职位委任的审计师的报酬可由董事规定。

（九）本条规定不妨碍其他任何相关法律规定的执行。

第二百八十条　审计师的权利和责任

（一）公司的审计师可随时获得公司的财务记录、账簿、账目、收据，以及有权要求公司董事或管理人员提供履行其审计责任所需的相关信息和说明材料。

（二）审计师应对其审计的账目及在其任职期间在股东大会上向公司提交的财务报表相关事宜向公司股东提交报告，报告中应说明下述内容：

1. 是否已获得所需的信息和说明材料；

2. 从其审计师角度，报告中所述财务报表是否依照相关法律规定编制；

3. 是否按照公司账簿所描述的提供给审计师的完整信息、说明，在财务报表中将公司业务如实完整描述；

4. 从其审计师角度，公司是否对财务记录依照本章规定进行保存。

（三）对本条第（二）款规定中所述事项未回答或未合格的，应在报告中说明原因。

（四）审计师为了向公司汇报审查报告的任何账目，有权获得公司股东大会通知并有权参会。此外，还可就账目相关事宜做出声明或解释。

（五）依照本章规定审计师辞职或替代的，辞职或被替代的审计师认为有必要的，可根据本身工作责任及专业人员的义务本着诚实工作态度就公司的财务工作编制相关说明或报告。董事自收到上述报告之日起28日内应将报告发送给公司股东并报送注册官，董事认为有必要的，可在审计师上报的报告中做出批示。

（六）本条规定不妨碍本法其他条款规定或其他相关法律规定的执行。

第二百八十一条 任何审计报告不符合第二百八十条规定的，对明知且故意违反规定的审计师分别处罚款500万缅元。

第二百八十二条 政府持有股份的公司相关事宜

政府持有任何股份的公司，不论第二百六十条、第二百七十九条和第二百八十条如何规定，应遵守下述规定：

（一）联邦部长可根据联邦总审计师意见为政府持有任何股份的公司委任或重新委任审计师。

（二）联邦总审计师具有下述权力：

1. 对本条第（一）款中委任的审计师对公司账目进行审计的办法进行指导，并就审计师履行上述责任和相关事宜向上述审计师下发指令；

2. 授权任何人对公司账目进行补充或测试审计的，联邦总审计师可通过下发一般或特殊指令要求任何人以任何方式向被授权人提供上述审计相关事项的信息或其他材料；

3. 为确保联邦总审计师在规定的时间内对公司账目进行审计、补充审计或测试审计，公司应向其提供公司存有的或公司管理的档案或文件。

（三）关于要求公司提供信息、档案或文件的任何命令，都可发送至曾经或现在的公司管理人员或职员处；本条对上述个人的所有规定视同对公司有同等效力。

（四）上述审计师应将其审计报告副本发送一份给联邦总审计师，联邦总审计师有权通过其认为合适的途径对报告做出批示或补充。

第二百八十三条　授权

联邦总审计师可通过一般或特殊授权让被授权人履行第二百八十二条中联邦总审计师的权力。

第二百八十四条　罚则

政府持有任何股份的公司未履行依照第二百八十二条规定做出的命令的，应对公司及相关董事、其他管理人员或职员处两年以下有期徒刑或500万缅元罚款。

第二百八十五条　优先股股东获取及查阅档案的权利

公司优先股及债券持有人有权获取或查阅公司的财务报表、审计报告和公司普通股持有人获得的其他报告。

第二十五章　仲裁、债权人和公司股东间的协商、股份收购权

第二百八十六条　公司就争议事项提起仲裁的权力

在不妨碍公司解决争议事项采取的其他措施的情况下，公司可以书面协议依照仲裁法或其他相关法律就公司之间或公司与个人之间目前的或将来可能产生的纠纷提起仲裁。

第二百八十七条　债权人与公司股东间的和解权力

（一）公司与其债权人之间或某一层级的债权人之间，或公司与其股东之间或某一层级的股东之间提请和解或做出任何安排的，经公司、公司债权

人、公司股东或公司清算事项中的清算人向法院提交简要申请的，法院可下发命令要求依照法院要求的方式召集和召开债权人或某一层级债权人、公司股东或某一层级公司股东的会议。

（二）亲自或授权代表参会的债权人、某一层级的债权人、公司股东或某一层级的公司股东占价值总额的四分之三且大多数同意的和解或安排，经由法院批准后，对债权人、某一层级债权人、公司股东、某一层级公司股东以及公司、公司清算中的清算人和公司的分担人皆具有合法约束力。

（三）依照本条第（二）款规定做出的命令，未向注册官提交该命令核证副本的，视为无效；上述所有命令的一套副本应附在该命令下发后发行的公司章程副本中。

（四）法院收到依照本条规定提起的任何申请后，在做出最终裁决前的任何时间内，可以其认为合适的规定开始对公司提起诉讼或暂缓针对公司的诉讼程序。

（五）在本条规定中，"公司"一词指依照本法可进行清算的公司。针对本条款项下事项起诉或获得任何法令的无担保债权人应视为与其他无担保债权人同一层级。

（六）可依法对法院做出的命令向高一级法院提起上诉。

第二百八十八条　对未履行第二百八十七条第（三）款规定的公司以及明知且故意违反的公司董事或其他管理人员应分别处罚款 15 万缅元。

第二百八十九条　协助安排与和解的条款

（一）依照第二百八十七条规定就第二百八十七条中公司与个人之间提议的和解或安排向法院提交申请以获得批准的，法院发现和解或安排是以重组公司或合并两个或两个以上公司为目的以及与之相关的，同时，本条中的"转让公司"所指的与该计划相关的公司的业务或财产的全部或部分转让给本条中的"受让公司"所指的其他公司的，法院可通过下发上述和解或安排的批准命令或后续命令对下述所有事项或任何事项的执行制定规则：

1.转让公司向受让公司转让其全部或部分业务、财产或债务；

2.受让公司对受让公司向任何其他个人或针对任何其他个人分配或划转

和解或安排中涉及的上述公司的股份、债券或其他证券或其他类似权益进行的分配和划转；

3. 受让公司对暂停的转让公司提起的或被提起的诉讼继续提起的或被提起的诉讼；

4. 对转让公司不进行清算就解散的；

5. 就在法院规定时间内按法院规定方式未就和解或安排达成同意的任何人员做出规定；

6. 安排确保圆满有效完成重建或整合所需后续事项或相关事项。

（二）依照本条规定下发的命令是有关财产和责任转让的，应依照该命令将该财产转让给受让公司并成为其所属财产；同理，应依照上述命令将责任转让给受让公司并成为其责任。若命令明确指示，设定于和解或安排财产之上的财产负担终止的，则该负担终止。

（三）依照本条规定做出任何命令时，与该命令相关的所有公司应自命令做出之日起 14 日内向注册官提供一份该命令的核证副本原件以供其登记。

（四）本条规定中"财产"指所有财产、权利和权力，"法律责任"一词也包括责任。

（五）无论第二百八十七条第（五）款如何规定，本条中"公司"一词不包括除本法释义以外的其他任何公司。

第二百九十条 对违反第二百八十九条第（三）款规定的公司和明知且故意违反的公司董事或其他管理人员应分别处罚款 15 万缅元。

第二百九十一条 对多数通过的合同持不同意见的股东购买公众公司股份的权利

（一）在不限制其他任何法律规定的情况下，本条中"转让公司"所指公众公司按合同将其所属股份或任何种类股份转让给本条中"受让公司"所指其他公司的，受让公司就上述事项做出要约后 4 个月内获得不少于相关股份价值四分之三持有人批准同意的，受让公司可在上述 4 个月到期后的 2 个月内的任何时间按规定方式向持不同意见的股东发送欲获得其股份的通知，该通知发出之日起 28 日内持不同意见的股东向法院提出申请后，法院未做出新的命令的，受让公司应依照有关股东已同意将其股份转让予受让公司的相关计划或合同拥有并获得上述股份。

（二）受让公司依照本条规定发送了通知的，法院对持不同意见的股东提出的申请未做出反对指令的，自通知发出之日起 28 日到期后或持不同意见的股东向法院提出的申请被暂缓时，受让公司应依照其他任何相关法律规定向转让公司发送一份通知副本，并就其应获得的股份向转让公司拨付或转让应付数额或其他任何对价。完成前述程序后转让公司应将受让公司作为上述股份持有人登记入登记簿。

（三）转让公司依照本条规定所获得的款项应存入独立银行账户，所获得的款项和其他对价应由转让公司以信托方式为前述款项和其他对价的相关各股东进行保管。

（四）本条中"持不同意见的股东"指不同意合同的股东，也包括未按照或拒绝按照计划或合同将其股份转让予受让公司的任何股东。

第二十六章　公司清算

第二百九十二条　公司清算模式

（一）公司清算可通过下述模式：

1. 法院清算；

2. 自愿清算；

3. 法院监督清算。

（二）未有相反规定的，本法有关公司清算的条款适用于上述任何模式下的公司清算。

分担人

第二百九十三条　现任或过去成员作为分担人的连带责任

（一）公司清算时，依据本条规定，现任或过去成员均有法律责任分担公司的资产，分担额应足够偿付公司债务、责任、费用、清算费用以及分担人之间的权利调整费用，但受以下条文限制。

1. 过去成员在公司清算前一年或一年以上期间内已不再是成员的，不承担分担责任。

2. 过去成员就公司在其停止作为成员后所订合约承担的任何责任或债务，不承担分担责任。

3. 除非法院认为现任成员不能够履行其依据本法须做出的分担责任，否则过去成员并无法律责任做出分担。

4. 如属股份有限责任公司，成员无须做出超过股份的未缴款额（若有）的分担，而该未缴款额是其作为现任或过去成员有法律责任缴付的。

5. 如属担保责任有限公司，成员无须做出超过其承诺在公司清算时会提供作为公司资产的款额的分担。

6. 如任何保险单或其他合约载有任何条文，限制每名成员就该保险单或合约而承担的法律责任的，或规定只有公司的资金才须就该保险单或合约而承担法律责任的，则本法任何规定并不使该条文失效。

7. 以股息、利润或其他方式，并按其作为公司成员身份而须付给公司任何成员的款项，不得当作公司在该名成员与任何其他并非公司成员的债权人之间竞逐获取偿付优先权的情况下须偿付给该名成员的债务。但上述金额在公司成员与债权人之间最终确定分担人权利时，可列为考虑事项。

（二）对拥有股本的担保责任有限公司进行清算时，该公司所有公司股东除有责任就公司资产分担其责任金额以外，还有责任缴付其所属任何股份未缴付的任何金额。

第二百九十四条　无限责任董事的责任

在对有限责任公司进行清算时，本法或公司章程规定为无限责任的曾经或现任公司董事，除作为公司普通成员承担清算的分担责任外，开始对该公司进行清算时，还应视同无限责任公司股东履行再分担责任。但是下述情况除外：

（一）曾经任职的董事，在对公司开始进行清算之日前一年或一年以上期间内已不再担任董事一职的，不应承担前述再分担责任。

（二）曾经任职的董事，不应对在其不再担任董事一职后公司建立合约产生的债务或责任承担再分担责任。

（三）法院认为依照公司章程无须就公司债务与责任、公司清算产生的相关花费、费用和开支进行分担的，董事不应就上述费用承担再分担责任。

第二百九十五条　分担人法律责任

分担人的法律责任指由清算人在分担要求中设定一项规定时间内应付的债务。

第二百九十六条　公司成员死亡

（一）分担人在被列入分担人名单之前或之后死亡的，其法定代表人和遗产继承人有责任按程序向公司资产账户出资以继续承担前述死亡人员的责任，并应成为分担人。

（二）法定代表人和遗产继承人对应投入的任何金额未予履行的，为对其有责任支付的金额进行强制执行，可通过提起诉讼申请对已故分担人的动产或不动产进行管理。

第二百九十七条　公司成员破产

分担人在其被列入分担人名单之前或之后被认定破产的，则：

（一）其受让人应代表其参与公司整个清算并成为分担人。同时可要求受让人提供破产人财产证据或允许受让人依法使用破产人资产支付破产人应向公司资产账户投入与其责任相关的应支付金额。

（二）可针对将来或已提出的破产人债务责任，对破产人财产预估金额进行规定。

法院清算

第二百九十八条　法院对公司进行清算的情形

出现下列情形之一的，公司可由法院清算：

（一）公司做出特殊决议决定可由法院对公司进行清算的。

（二）未按规定提交法定报告和召开法定会议的。

（三）自公司成立之时起一年内未营业的或该时间段内全年停止营业的。

（四）公司成员人数减少至一人以下的。

（五）公司无法偿还其债务的。

（六）法院认为对公司的清算合理合法的。

第二百九十九条　可视为公司无法偿还其债务的情形

（一）针对本章事项，出现下列情形的，应视为公司无法偿还其债务：

1.公司通过转让或其他方式负债25万缅元以上的债权人通过向公司注

册办公室寄送挂号信或通过其他方式通知公司支付应支付金额的，自通知之日起3周内公司未支付债权人要求支付的金额或未向债权人做出其满意的担保的；

2.对法院判定公司债权人获胜的判决或命令不予执行的或对与该判决相关的全部或部分程序未予履行的；

3.法院依据证据相信公司满足无法偿还债务条件的，在判决公司是否有能力偿还其债务时，应对公司或有债务责任加以考虑。

（二）本条第（一）款第1项中的请求，由债权人授权的代理或法律顾问签字的；或为团体的，由代表团体的代理或法律顾问对上述请求予以签字的，均视同债权人本人合法授权。

第三百条 可移交下属法院处理的公司清算

法院在依照本法做出清算任何公司的命令时，认为合适的，可要求在任何下属法院继续进行听讯。在公司清算事项中，该下属法院则视为本法中释义的"法院"，并应在公司清算事项中行使法院司法审判权和其他权力。

第三百零一条 公司清算事项由一法院移交至另一法院

任何法院在执行公司清算事项期间，发现在具有公司清算司法审判权的其他法院提起诉讼更为便捷的，可将公司清算移交至上述其他法院，并在该法院继续执行公司清算事宜。

第三百零二条 公司清算申请相关条款

向法院申请就公司进行清算的，应由公司或由潜在的债权人、分担人共同或单独提交申请，或由注册官提出申请。但下述情形除外：

（一）分担人对初始发行给该分担人或由其持有的或完成以其姓名登记的或其他持有人死亡后向其转让的相关股份或部分股份在公司清算前18个月内持有时间不足6个月的，该分担人不得提出公司清算申请。

（二）未出现下列情形的，注册官无权提交公司清算申请：

1.公司的资产负债表或依照第二百七十一条规定委任的任何调查员的报告中呈现出公司财务状况无法偿还公司债务的；

2.事先获得联邦部长批准提交申请，但按规定，公司事先未获得听证许可，不得下发上述批文的。

（三）因未提交法定报告或未召开法定会议申请清算公司的，应自应举行会议的最后日期起 14 日后提出申请，股东以外的任何人不得提出该申请。

（四）直至按法院意见提供案件费用担保为止或达到法院受理的表面证据成立的公司清算控诉案件之时为止，偶然或潜在的债权人提出的公司清算申请，不得进行听证。

第三百零三条　公司清算令的效力

公司清算令作为一项针对债权人和分担人联合提出的公司清算申请下发的命令，应对所有债权人和分担人产生效力。

第三百零四条　法院开始对公司进行清算的时间

法院对公司的清算应视为自公司清算申请提交之时开始。

第三百零五条　法院可颁布禁令

依照本法提交公司清算申请后或在公司清算令下发前的任何时间内，经公司、公司的债权人或分担人申请，法院可按合理规定停止针对公司的任何诉讼或审查的进一步调查。

第三百零六条　法院在听讯申请时的权力

（一）听讯申请期间，法院认为合理的，可收费或免费撤销上述申请，或有条件或无条件延期听讯，或做出其认为合理的临时命令或其他任何命令。但法院不得仅以公司做出的抵押数额等于或超出公司资产数额或以公司无资产为由拒绝下达公司清算令。

（二）以未提交法定报告和未召开法定会议为由提交公司清算申请的，法院可对其认为应对上述不履行行为负责的责任人应支付的费用下发任何命令。

（三）法院在做出公司清算令时，除应同时委任一名清算人以外，还应将上述命令发送至官方财产接管人。

第三百零七条　与公司清算令相关案件的暂停

做出任何公司清算令后或已委任任何临时清算人后，除按法院规定依照法院批示执行外，不得继续执行针对公司的诉讼或诉讼程序或开始对公司进行控告。

第三百零八条　清算人空缺

（一）本法所述项下，涉及法院对公司进行清算的事项时，"官方财产接管人"指同时在法院任职的官方财产接管人；未聘用上述官方财产接管人的，则指联邦部长在国家公报以通令形式加以委任的任何人员。

（二）做出公司清算令之时，官方财产接管人除应作为公司官方清算人之外，在法院下发命令停止其职位前，该财产接管人应作为清算人继续开展工作。

（三）官方财产接管人作为官方清算人，除应对公司的所有资料、文件和资产进行保管外，还对上述所有保管财产具有监管权。

（四）官方财产接管人有权享受法院规定的报酬。

第三百零九条　应向注册官提供公司清算令副本

（一）做出公司清算令时，公司清算诉讼案件申请人和公司有责任自清算令下发之日起一个月内向注册官提供一份该命令副本。

（二）提交公司清算令副本的，注册官除应将该信息登记入公司相关记录资料以外，还应就已完成上述命令下达事宜在国家公报加以公告。

（三）除公司继续营业之外，上述命令应视为向公司员工发出的通知。

第三百一十条　法院暂停公司清算的权力

债权人或分担人提出申请认为应该暂停公司清算相关的所有调查程序的或具备法院采纳的暂停证据的，法院可在做出公司清算令后的任何时间内，依照法院认为合理的规定就停止全部诉讼程序或阶段性停止诉讼程序事宜下发某项命令。

第三百一十一条　法院可考虑债权人或分担人的意愿

法院在处理公司清算相关事项时，可将债权人或分担人意愿视同要求其提供的确证加以考虑。

官方清算人

第三百一十二条　官方清算人的委任

（一）为执行公司清算相关诉讼程序或履行法院规定的责任，法院可委任除财产接管人以外的一人或多人作为法院的官方清算人。

（二）法院收到诉状申请后，在未做出公司清算令之前的任何时间内，可临时开展前款所述委任。但是，除非法院有不应发送通知的可记录因素，否则应在开展上述委任前向公司发送通知。

（三）委任的官方清算人人数为一人以上的，法院应宣布本法规定的清算人落实事项或授权事项应由上述清算人中的所有或任何人或部分人来完成。

（四）法院可决定官方清算人委任是否需要担保和需要何种担保。

（五）委任完清算人后，即使发现委任相关事宜存在缺陷，清算人做出的行为依然有效。但本款任何规定明确前述委任无效的，前述清算人做出的行为应视为无效。

（六）不得针对官方清算人手中的资产委任财产接管人。

第三百一十三条　辞职、免职、空位填补和支付赔偿金

（一）任何官方清算人都有权辞职或被法院以正当理由予以免职。

（二）法院可对官方清算人空缺职位进行填补，在委任到新的清算人之前由官方财产接管人作为该空缺职位的官方清算人履职。

（三）法院可要求按法院意见以百分比或其他方式支付官方清算人的薪水和报酬；委任一名以上清算人的，应按照法院指定比例向清算人分配报酬。

第三百一十四条　官方清算人

公司的官方清算人只能以该公司的清算人形式进行描述，不得以个人姓名进行描述。

第三百一十五条　向清算人报告工作事务

（一）法院做出公司清算令后或临时委任清算人后，认为无须再下发其他命令的，则公司应向清算人提交一份包括下述内容在内的通过宣誓书核证通过的公司事务声明。

1.公司资产情况：分别陈述现金余额和银行账户（若有）现金情况。

2.债务与责任。

3.有担保债务和无担保债务数额的分别陈述；债权人的姓名、住址和工作；若为有担保债务，应提供证券信息及其价值和发行日期。

4. 应向公司偿还债务的责任人的姓名、住址和工作，以及能偿还的数额。

（二）上述声明应由在相关日期内任职的一名或多名董事或公司秘书或下述条款所述官方清算人以法院批示核证提交，此外，也可由下述人员核证提交：

1. 曾经担任或现任公司董事或管理人员；

2. 自相关日期起一年内任何时候参与公司成立的人；

3. 在上述年限内在公司任职的员工或曾经任职的员工和可提供官方清算人所需信息的人员。

（三）上述声明应自相关日期起 21 日内提交，特殊情况可在官方清算人或法院批准延期后的期限内提交。

（四）已同意或拟同意整理本条规定所需的声明和宣誓书的人员，对其在准备过程中的花费，官方清算人或临时清算人有权确定该费用为合理费用，并从公司资产中予以支付，也可就该事项向法院提起上诉。

（五）任何人以书面形式表明其本人为公司的债权人或分担人的，其本人或其代理人在任何合适时间内支付规定费用后，可对依照本条规定提交的声明进行查阅，并有权获得该声明的副本或摘要内容。

（六）本条中的"相关日期"指聘用临时清算人的聘用日期；未聘用临时清算人的，则指公司清算令下发日期。

第三百一十六条 任何人无正当理由违反第三百一十五条规定且明知故犯的，应处罚款 100 万缅元。

第三百一十七条 任何人书面谎称自己是债权人或分担人的，视为触犯《刑法典》第一百八十二条所述犯罪，清算人或官方财产接管人提出申请的，应按上述罪行判处。

第三百一十八条 清算人的报告

（一）做出公司清算令后，官方清算人收到依照第三百一十五条提交的声明后，应自清算令下发之日起不晚于 4 个月内或不晚于 6 个月（若法院批准）或自命令下发之日起（法院针对无须提交声明的事项做出命令的）尽快向法院提交包括下述内容的初步报告。

1. 以下列名目分别陈述的发行资本额、认购资本额、已付资本额、资产与负债预估数额：

（1）现金和可转换证券；

（2）将从分担人处获得的债务；

（3）公司将获得的债务或偿债担保（若有）；

（4）公司所属动产和不动产；

（5）未缴付的应缴资本。

2. 公司经营失败（若有）的原因。

3. 公司成立、组建或公司经营失败的，清算人关于是否有必要对该公司经营活动进行再核实的意见。

（二）官方清算人认为参与公司成立或组建的任何人、公司成立后公司的任何董事或管理人员存在欺骗行为的，且认为存在法院有必要了解的其他内容的，清算人可向法院提交一份或多份包括上述意见和内容的报告。

第三百一十九条　公司财产的保管

（一）无论是否临时委任，官方清算人应将公司所属或有权拥有的一切财产、财物和可诉债权进行保管或监管。

（二）公司的所有财产和财物，自公司清算令下发之日起，视为由法院保管。

第三百二十条　强制清算的审查委员会

（一）官方清算人可依照公司资料和文件规定自清算令下发之日起一个月内召集和召开公司债权人会议，以决定是否委任与清算人一起开展工作的审查委员会和委任谁作为委员会成员（若委任审查委员会）。

（二）官方清算人应自债权人会议召开之日起 7 日内召集和召开分担人会议，以对债权人的决策进行考虑、修改采纳或完全采纳。

（三）分担人对债权人决定未予完全采纳的，官方清算人有责任就是否需要委任审查委员会、或如何组建委员会（若需委任审查委员会）和委任谁为委员会成员事宜向法院申请，以获法院指示。

（四）依照本条委任的审查委员会应由包括公司债权人、分担人或持有债权人和分担人的一般或特殊授权书的代表人员在内的不超过 12 人的成员组成。该委员会成员人数可依照债权人与分担人会议达成一致意见的比例确定，未达成前述一致意见的，则由法院决定。

（五）审查委员会有权在任何合适时间检查核实清算人的账目。

（六）委员会须在随时指定的时间开会，未有上述指定时间，则至少一个月举行一次会议。清算人或委员会任何成员认为有必要开会的，可申请召开委员会会议。

（七）委员会决议须由出席会议的多数成员通过决定，委员会多数成员未出席会议的，不得做出上述决议。

（八）委员会成员可向清算人提交亲笔签名的书面通知辞职。

（九）委员会成员破产的，或须与其债权人协商或做出任何安排的，或连续 5 次未经与其共同代表债权人或分担人的委员会成员许可而缺席委员会会议的，则该委员会成员应确定为玩忽职守。

（十）可通过债权人会议一般决议解除代表债权人的委员会成员或通过分担人会议一般决议解除代表分担人的委员会委员，包含上述会议召开目的的会议通知应至少提前 7 日发送。

（十一）委员会出现职位空缺的，官方清算人应就空缺职位填补事宜召开债权人或分担人会议，会议可做出空缺职位返聘原委员会成员或聘用其他债权人或分担人作为委员会成员的决定。

（十二）委员会出现空缺职位的，只要委员会成员不少于两人，则可继续开展工作。

第三百二十一条　官方清算人的工作权利

经法院批准，官方清算人有权开展下述工作：

（一）以公司名义或代表公司在民事或刑事案件诉讼或审查中进行控告或辩护。

（二）以有利于公司的方式在清算范围内开展公司的经营活动。

（三）以拍卖或专项合同出售公司的不动产和动产，或将上述财产转让给任何个人或公司，或将上述财产进行分售。

（四）以公司名义或代表公司签署契据、收据和其他文件的，有必要的，可使用公司印章。

（五）在任何分担人破产的个案中，针对分担人的财产结算提出证明、要求按顺序摊还债款及提出申索，并接收分红；前述所有结算作为破产人所欠的专项债务，并与其他债权人按比例收取。

（六）作为公司或代表公司提取、承兑、制作和背书公司经营活动相关汇票或本票，同样，可以公司名义或代表公司提取、承兑、制作和背书与公司负债责任相关的具有同等效力的汇票或本票。

（七）以公司资产作为担保筹措资金。

（八）清算人可采取必要措施，以已故分担人名义获得其遗产管理证书、获得任何分担人或其遗产继承人应获得的款项、获得以公司名义无法顺利处理的财产；清算人在获得或排除遗产管理证书或获得相关款项时，上述事项中应支付款项皆视为应向清算人支付的款项。但本条任何规定不得影响联邦总审计师的权利、义务和权益的执行。

（九）可落实公司清算所需公司事项，以及公司资产分配相关其他所需事项。

第三百二十二条 官方清算人的自由裁量权和给予清算人法律援助的条款

（一）法院可颁布任何命令使官方清算人按法院批示或无干涉行使上述任何权利。官方清算人为临时委任的，则可以委任令对其权利进行限定。

（二）官方清算人履行责任期间需要帮助的，经法院批准，可委任一名有权出庭协助的律师。但官方清算人本身为律师的，未获协助人员同意免费协助其工作的，不得委任上述协助人员。

第三百二十三条 清算人应保管记录会议举行的资料和向法院提交收到的账目

（一）由法院对公司进行清算的，公司的清算人应对记录公司会议举行条目或会议纪要和其他规定事项的资料进行保管，其他任何债权人或分担人可在法院监管下查阅上述资料。

（二）所有官方清算人在其任职期间，每年应按规定时间至少两次向法院报送其收到的账目和款项。

（三）账目应按规定格式编写，除须留有副本原件外，还应按规定方式发布一份公告进行确认。

（四）法院须通过其认为合理的方式对账目进行审查，清算人须向法院提供审查所需收据和信息材料，法院可在任何时候要求清算人对其保管的资料和账目进行整理上报，也可随时查阅清算人保管的资料和账目。

（五）账目审查完毕后，该账目的一份副本须留法院登记存档，另一份副本应发送注册官登记存档。所存每份副本都应允许债权人或分担人查阅。

第三百二十四条 清算人权利的行使与监督

（一）依照本法规定，由法院进行清算的公司的官方清算人在对公司的资产进行管理和将公司财产移交给债权人时，应对股东大会或审查委员会中以债权人或分担人决议做出的指示加以考虑。债权人或分担人在任何股东大会做出的指示与审查委员会做出的任何指示相冲突的，应以股东大会指示为准。

（二）官方清算人可召集和召开债权人或分担人大会以征求债权人和分担人意愿。债权人或分担人做出决定进行指示的或债权人或分担人人数的十分之一书面要求的，清算人有责任召集和召开会议。

（三）官方清算人可按规定方式就公司清算中出现的任何事项向法院申请指导。

（四）官方清算人在对公司资产进行管理和将公司财产移交给债权人时，可依照本法条款使用清算人自由裁量权。

（五）任何人因官方清算人的行为或决定遭受损失的，可向法院上报，法院可对上报行为或决定做出确认、取消或修改的裁决。此外，法院还可做出与上述情况相适宜的任何命令。

法院的一般权力

第三百二十五条 分担人列表的确定和资产的运用

（一）做出公司清算令后，法院在有必要依照本法规定修正错误的任何事项中，可利用其有权修正公司股东登记簿的权力尽快处理分担人列表。此外应尽快处理公司资产接收和公司负债清算事宜。

（二）议定分担人列表时，法院应对本身是分担人的分担人和因为代表他人或就他人所欠债务承担法律责任而成为分担人的分担人分别进行处理。

第三百二十六条　要求资产移交的权力

法院可在下发公司清算令后的任何时间或法院指示的时间内要求分担人列表中的分担人、公司银行业者、信托人、财产接管人、代理或公司管理人员向清算人支付、交付、交出或转让上述人员手中持有的确为公司资产的资金、财产或文件。

第三百二十七条　下发命令要求分担人偿还债务的权力

（一）法院在下发公司清算令后的任何时间，可下发任何命令要求分担人列表中的分担人按照清算令规定方式自分担人处或委任的债务偿还代理人所属财产向公司支付应付款项。但是不得包括本法要求的出资。

（二）法院做出上述命令时，属于无限责任公司的，可允许使用应支付给分担人的款项进行抵消；或与公司有单独约定或建立任何合同的，可使用分担人代理的公司应针对财产支付的款项抵消，但不得使用支付给作为公司股东的分担人的任何红利或利润执行抵消。另外，可对有限责任公司中的无限责任董事或董事的财产进行相同处理。有限责任公司或无限责任公司完成向所有债权人支付款项的，公司依照分担人相关账目应支付的任何款项可通过后期要求的出资抵消支付给分担人。

第三百二十八条　法院催缴的权力

（一）法院在做出公司清算令后的任何时间，确定公司资产的足够程度之前或之后，可向分担人列表上的全体或任何分担人，按法律责任所及范围做出催缴，要求其缴付法院认为作为清偿公司的债务、清算费用、收费及开支，以及为调整分担人彼此之间的权利而需要的款项，法院还可就前述付款行为做出命令。

（二）催缴过程中，法院可对部分分担人对其部分或全部催缴款项不能支付的情况加以考虑。

第三百二十九条　下令向银行存款的权力

法院可下发命令要求分担人、应向公司支付资金之人或其他应支付资金之人将应支付资金存入官方清算人在任何规定银行开设的账户来代替直接支付给清算人。此外,可按照执行向清算人支付款项的指示方式执行上述命令。

第三百三十条　与账户相关的法院规定

由法院对公司进行清算的,应按照法院命令向公司清算人开设账户的银行存入或移交所有款项、账单、支票、本票和其他证券。

第三百三十一条　对分担人下达的命令视为确证

(一)法院针对分担人下发的任何命令,与资金相关的,在不影响分担人上诉权利的情况下,应视为出现应付款项或应按命令支付的应付款项的确证。

(二)法院命令中的其他事宜,相对于审查中的所有人及所有法律程序,应视为如实陈述。

第三百三十二条　债权人不及时证明即被排除派发外的权力

法院可规定一个时间点或时间段让债权人对其债务或申索提出证明,或排除其对该债务被证明前的任何利益的派发。

第三百三十三条　分担人权利的调整

法院应对分担人的权利进行调整,出现盈余的,应将盈余再次派发给享受权益之人。

第三百三十四条　下令拨付费用的权力

如资产不足以支付债务,法院可做出命令,规定清算费用、花费及开支等须按法院认为公正的优先次序从资产中受偿。

第三百三十五条　公司的解散

(一)公司清算彻底完成后,法院应下达命令规定自该命令下发之日起公司解散,公司即按该命令正式解散。

(二)前述命令下发之日起 15 日内,官方清算人应向注册官发送该命令,注册官应在其资料中注明该公司已经正式解散。

**第三百三十六条　官方清算人违反第三百三十五条规定的,应处罚款40 万缅元。

法院的特别权力

第三百三十七条 传唤疑似拥有公司财产人员的权力

（一）法院做出公司清算令后，可传唤拥有或疑似拥有公司财产或应属公司所得财产的公司管理人员或任何个人，或法院认为可提供公司贸易、交易以及公司事务或财产相关信息的任何个人至法院。

（二）法院可借口头或书面质询就前述事宜向上述人员做经宣誓的讯问，并可以书面记录上述人员的答案和要求其签署前述记录。

（三）法院可要求上述人员出示任何在其保管或权利管辖下而又与公司有关的文件，但若某人声称拥有上述人员所出示的文件的留置权，则出示该类文件并不损害该留置权，而法院在有关清算中，具有对所有与该留置权有关的问题做出裁定的司法管辖权。

（四）若任何被如此传唤的人，在提供一笔合理款项以支付其开支后，并无任何合法障碍而拒绝于指定时间到法庭席前的，则法院可安排将该人拘捕并带到法庭席前接受讯问。

第三百三十八条 下发公开讯问发起人或董事等的权力

（一）法院做出公司清算令后，官方清算人向法院报告公司发起人或参与公司成立的任何人或公司成立后参与公司事务的董事或任何管理人员存在欺骗的，法院对该申请进行研究后，可就上述事项要求上述人员在法院约定的日期内前往法院。此外，还可指示对公司发起、公司成立、公司经营活动开展、作为公司董事或管理人员的任何个人的行为、交易往来进行公开讯问。

（二）官方清算人可参与该讯问，经法院授权代表法院处理上述事项的，可委任法院许可的法律援助人员。

（三）任何债权人或分担人可亲自或安排可授权代表出庭参与讯问。

（四）法院可向被讯问人询问其认为合理的问题。

（五）被讯问人应宣誓后接受讯问，并回答法院提问的或容许提问的所有问题。

（六）以本条被下令接受讯问的任何人，可自费聘请任何有权出庭的人员。法院有权对其认为合理的问题向前述出庭人员进行提问，以对被讯问人的回答进行澄清或证实。但是，法院发现被讯问人并未触犯其被控罪行的，法院可酌情批准被讯问人享有的合理费用。

（七）讯问笔录应做好书面记录，并向被讯问人宣读或由被讯问人阅读后签字。该讯问笔录可作为对此人提起的民事诉讼证据，且在任何时候都应接受债权人或分担人的审查。

（八）法院认为合理的，可随时对讯问进行改期。

（九）法院要求依照本条规定进行任何讯问的，官方委任的临时法官、负责人、注册官或副注册官可在该法院法官或任何官员见证下依照规定对该事项进行审理。除费用相关规定外，讯问人员可行使本条规定的有关讯问条款相关法院权力。

第三百三十九条　逮捕潜逃中的分担人的权力

法院在做出公司清算令前后任何时候，有可信证据表明分担人计划潜逃国外或以其他任何方式潜逃的，或以逃避支付就公司事项要求支付的金额或以逃避审查为目的对其任何财产进行转移或隐瞒的，法院除可对该分担人进行逮捕以外，还可对其资料、文件和动产进行扣押。在法院做出命令前法院可对分担人和前述文件、财产进行看管。

第三百四十条　不影响其他诉讼的法院权力

本法赋予法院的任何权力，须为增补而非限制任何现有的下述权力，即针对公司的任何分担人或债务人，或针对任何分担人或债务人的财产而提起诉讼，以追讨任何催缴款项或其他款项的权力。

命令的执行与上诉

第三百四十一条　执行命令的权力

任何法院依照本法做出的命令，可按照该法院在本法院执行诉讼判决的方式予以执行。

第三百四十二条　在其他法院执行任何法院下发的命令

某法院做出的公司清算相关任何命令，可在缅甸境内任何地方执行。公司注册办公室位于其他地方的，可由位于做出命令的法院所在地之外的对上述公司具有司法权的法院以视同执行本法院命令的方式予以执行。

第三百四十三条　其他法院执行命令应遵循的方式

某一法院做出的命令由其他法院执行的，应向执行该命令的法院相关官员提供一份上述法院命令的核证副本原件，核证副本原件的提供应视为做出上述命令的确证，执行上述命令的法院在执行命令时，可采取必要措施视同执行本法院命令的执行方式予以执行。

第三百四十四条　命令的上诉

对法院做出的有关公司清算的任何命令或决定进行重审或上诉的，应依照对上述法院在具有一般司法权的案件中做出的命令或决定进行上诉的方式和规章进行上诉。

自愿清算

第三百四十五条　自愿清算的情形

出现下列情形的，可自愿清算：

（一）公司章程规定的公司营业期限届满的或达到公司章程规定的公司清算情形的或公司股东大会做出决议自愿清算公司的；

（二）公司做出特殊决议自愿清算公司的；

（三）公司已就公司因负债无法继续从事经营活动和公司清算申请做出特殊决议的，本部分所述"公司自愿清算决定"指依照本条第（一）（二）（三）款规定做出的任何决定。

第三百四十六条　自愿清算的开始

自愿清算公司自决定做出之日起开始。

第三百四十七条　依照公司立场自愿清算公司的影响

自愿清算公司的，自公司清算之日起，应停止除清算中维护公司利益所需事务以外的任何经营活动。但是，即使公司立场及权利与公司章程规定形成任何限制的，在其解散前仍应继续存续。

第三百四十八条 自愿清算公司决定的通知

自愿清算公司的任何特殊决议通知，公司应自该决议做出之日起 10 日内通过国家公报和缅甸境内发行的日报进行公告通知。

第三百四十九条 公司未遵守第三百四十八条规定的，应处罚款 25 万缅元，明知且故意批准的公司董事或其他任何管理人员应承担相同处罚。

第三百五十条 具备偿付能力的声明

（一）自愿清算公司的，由公司的多名董事或由两名以上董事组成的公司的多数董事、单一董事组成的公司的该董事可发布以宣誓书确认的声明，声明已在召开公司自愿清算决议会议通知发出前举行的董事会上对公司事务进行全面调查，经调查表明公司自公司清算之日起不超过 3 年的时间内对公司债务具备完全偿还能力。

（二）应以公司事务相关审计师的报告对上述声明进行支持，且在本条第（一）款所述日期前未向注册官报送登记的，上述声明对本法事项不应具备任何效力。

（三）依照本条规定做出并发送声明的公司清算在本法中指"公司股东自愿清算公司"，未做出并发送上述声明的公司清算在本法中指债权人自愿清算公司。

公司股东自愿清算公司

第三百五十一条 公司股东自愿清算公司的相关条款

第三百五十二条至第三百五十七条规定适用于公司股东自愿清算公司。

第三百五十二条 公司委任清算人和规定清算人报酬的权利

（一）公司应在股东大会上委任一名或多名清算人以对公司事务进行清算和对公司资产进行分配，并确定一名或多名清算人的薪酬。

（二）委任完清算人后，除股东大会上公司或清算人允许继续行使的权利以外，董事的其他一切权利应停止行使。

第三百五十三条 对清算人职务空缺进行填补的权力

（一）公司委任的清算人死亡的、离职的或因其他原因出现空缺的，公司可在股东大会上按照债权人的安排对上述空缺进行填补。

（二）分担人或包含一名以上清算人的事项中留任的清算人可就前款所述事项召集和召开股东大会。

（三）会议应依照本法或公司章程规定的方式，或经任何债权人或留任的清算人向法院申请，按法院规定的方式举行。

第三百五十四条 清算人接受股份作为出售公司财产的对价的权力

（一）凡有建议公司自愿清算，或公司正进行自愿清算，而亦有建议将其业务或财产的全部或部分转让或出售予不论是否属本法所指公司的另一公司（在本条中称为受让方公司），则首述的公司（在本条中称为转让方公司）的清算人，在该公司赋予清算人一般权限或有关任何安排的权限的特别决议允许下，可收取受让方公司的股份、保险单或其他同类权益，用以派发予转让方公司的股东，并作为有关转让或出售的补偿或部分补偿；或可订立任何其他安排，以使转让方公司的股东得以分享受让方公司的利润或自受让方公司收取任何其他利益，以代替收取现金、股份、保险单或其他同类权益，或作为收取现金、股份、保险单或其他同类权益以外的额外利益。

（二）依照本条规定开展的任何出售或安排对转让方公司股东具有约束力。

（三）未对特殊决议投赞成票的转让方公司的任何股东，可在决议做出后7日内自公司注册办公室向清算人处寄送其持不同意见的书面说明文件以要求清算人对上述决议不予付诸实施，或对其权益按照议定的价格或仲裁裁决的价格进行购买。

（四）清算人决定对公司股东权益进行购买的，应在公司清算前支付购买费用，并按照特殊决议规定的方式进行。

（五）不得以特殊决议在自愿清算公司或委任清算人的决定做出之前或同时做出为由，使特殊决议对本条事务无效。但是，在一年之内做出任何公司清算命令的和在法院监督下进行清算的，除获得法院批准，否则上述特殊决议不得有效。

（六）针对仲裁事项，除《仲裁法》另有限制规定的以外，上述法律条款适用于本条所有仲裁决定。

第三百五十五条 清算人关于每年年底召开成员大会的责任

公司清算持续一年以上的，清算人可自清算之日起第一年和第二年每年年底或相关年结束后 90 日内的适当时间召集和召开股东大会，就清算人过去一年的清算工作和清算进展情况进行汇报，并提交一份按规定格式整理的有关清算独立事项的陈述报告。

第三百五十六条 清算人未履行第三百五十五条规定的，处罚款 50 万缅币。

第三百五十七条 最终会议和公司解散

（一）公司事务一旦清算完毕，清算人应编制清算账目，该账目内容应包括如何进行清算、公司财产如何管理等内容，还应召集和召开一次公司股东大会对上述账目进行汇报和解释。

（二）应公告会议召开时间、地点和目的，并按照第三百四十八条规定的方式发布通知，该通知应在会议开始前至少 28 日发布。

（三）会议结束后 7 日内，清算人应向注册官递送一份账目副本，并通知其开会和开会时间；参会人员未达到法定人数的，清算人应准备一份陈述已正式召集会议的情况和参会人数未达到规定人数的情况的回复；回复准备完成后，即应视为已按本款有关做出回复的规定执行。

（四）注册官收到账目或本条第（三）款中的任何回复的，应予以登记，自前述回复完成登记之日起满 3 个月后，应视为公司已解散。经清算人或出现在法院的利害关系人申请，法院可下发任何命令将公司解散延迟至其认为合适的日期生效。

第三百五十八条 未按照第三百五十七条第（三）款规定发送账目副本和做出回复的清算人，处罚款 15 万缅元。

第三百五十九条 依照第三百五十七条第（四）款规定申请法院做出命令的申请人，应自命令下发之日起 21 日内向注册官提供一份上述命令的核证副本原件以供其登记，未按规定提供的，处罚款 15 万缅元。

债权人自愿清算

第三百六十条　债权人自愿清算公司的相关条款

第三百六十一条至第三百七十二条规定适用于债权人自愿清算公司。

第三百六十一条　债权人会议

（一）应在公司自愿清算决议会议召开之日或下一日召开一次债权人会议，债权人会议通知应随上述公司会议通知一并发送给债权人。

（二）公司应对债权人通知依照第三百四十八条规定方式发布一份第三百四十八条规定所述通知并进行公告。

（三）公司的董事：

1. 应安排一份关于公司事务状况的详尽陈述书，连同一份公司债权人列表及其主张的估计款额的列表，一并在如前述举行的债权人会议上提交。

2. 应从董事中委任一名上述会议的会议主席。

（四）被委任为债权人会议主席的董事应出席会议并履行其主席责任。

（五）自愿清算公司决议会议改期召开的，在改期召开的会议上做出上述决议的，依照本条第（一）款规定举行的债权人会议做出的任何决定应视同在公司清算决议做出后立即做出的决定发生效力。

第三百六十二条　下列情况为失职行为：

（一）公司未履行第三百六十一条第（一）（二）款规定的；

（二）公司董事未履行第三百六十一条第（三）款规定的；

（三）公司任何董事未履行第三百六十一条第（四）款规定的。

对公司、多名董事或董事就未履行事项处罚款25万缅元，公司未履行事项中的未履职公司管理人员应承担相同处罚。

第三百六十三条　清算人的委任

债权人和公司可在第三百六十一条所述与之相关的会议上提名任何人作为清算人，以对公司事项进行清算和对公司资产进行分配。债权人和公司分别提议推荐人的，以债权人提议人员担任清算人；债权人未提议人选的，以公司提名人选担任清算人。但是分别提名人选的，公司的董事、公司股东或任何债权人可自债权人提名人选之日起7日内向法院申请下发有关请求法院委任公司提名人选代替债权人提名人选担任清算人或与债权人提名人选共同担任清算人或委任债权人提名人选以外的其他任何人担任清算人的命令。

第三百六十四条 审查委员会的委任

（一）债权人可以其认为合适的方式，在第三百六十一条规定举行的会议或后期举行的任何会议中委任由不超过5名成员组成的审查委员会。上述委员会成立后，公司可在自愿清算公司决议会议或后期举行的任何股东大会上委任其认为合适的不超过5人的人员作为委员会成员。

（二）债权人可按其认为合适的方式做出公司委任的所有或任何人员不应作为审查委员会委员的决定，法院对债权人的该决定没有其他指示的，则该决定中所述人员不得作为委员会成员开展工作。依照本款规定向法院提出申请的，法院可以其认为合适的方式委任其他任何人代替前述决定中的人员作为委员会成员。

第三百六十五条 清算人报酬的规定和董事权利的终止

（一）审查委员会或债权人（未委任审查委员会的）可规定清算人或多名清算人的报酬，未予以规定的，由法院对其报酬进行规定。

（二）委任清算人的，应停止除审查委员会或债权人（未委任审查委员会的）许可行使的权利以外的董事的任何权利。

第三百六十六条 对清算人空缺职位进行填补的权力

除法院委任的或以法院指示委任的清算人以外的清算人，因死亡、离职或其他任何原因出现职位空缺的，债权人可对该职位进行填补。

第三百六十七条 债权人自愿清算公司应遵守第三百五十四条法律规定

第三百五十四条规定适用于债权人自愿清算公司，且具有对公司股东自愿清算公司同等效力。未经法院或审查委员会批准，不得行使前述条款规定的清算人的权利。

第三百六十八条 清算人每年年底召开公司会议和债权人会议的责任

公司清算持续一年以上的，清算人可自清算之日起第一年和此后每年年底或适当时间内召集和召开一次股东大会和一次债权人会议就清算人过去一年的清算工作和清算情况进行汇报，并提交一份按规定格式整理的有关清算独立事项的陈述报告。

第三百六十九条 清算人未履行第三百六十八条规定的，处罚款 50 万缅元。

第三百七十条 最终会议和公司解散

（一）公司事务一旦清算完毕，清算人应整理一份清算账目，该账目应包括如何开展清算工作和如何管理公司财产等内容。账目准备完成后应召集和召开一次公司的股东大会和债权人会议对上述账目进行汇报并解释。

（二）应对每项会议的举行时间、地点和目的进行公告，并按规定方式在会议召开前至少提前 28 日发布一份第三百四十八条规定的通知。

（三）会议举行之日起 7 日内或会议未按期举行的，自改期举行之日起一周内，清算人应向注册官发送一份上述账目副本以供其登记，且须就会议举行和举行时间回复注册官。会议参会人数未达到法定人数的（本款规定所述事项相关会议参会人数须有两人），清算人应整理一份包括已召集和召开会议、会议人数未达法定人数等内容的回复。回复准备完成后，即可视为已按照本款有关做出回复的规定执行。

（四）注册官收到账目或上述每项会议的回复后，应做好登记，自回复被登记完成之时起满 3 个月后，即视为公司已经解散。但是，清算人或出现在法院的利害关系人提出申请的，法院可下发一项命令将公司解散延迟至其认为合适的日期生效。

第三百七十一条 未按照第三百七十条第（三）款规定提交账目副本和进行回复的清算人，处罚款 15 万缅元。

第三百七十二条 依照第三百七十条第（四）款规定向法院申请命令的申请人，自该命令下发之日起 10 日内应向注册官提供一份该命令的核证副本原件供其登记，未提供的，应处罚款 15 万缅元。

公司股东或债权人自愿清算公司

第三百七十三条　与所有自愿清算公司事项相关的条款

第三百七十四条至第三百八十二条规定适用于公司股东或债权人自愿清算公司的所有事项。

第三百七十四条　公司财产的分配

依照本法有关优先给付的规定，公司章程对公司财产未有其他规定的，公司清算时公司财产应按比例用于履行其负债责任，并应按公司股东权利和权益在公司股东间进行分配。

第三百七十五条　清算人在自愿清算公司中的权利和责任

（一）清算人：

1. 公司股东自愿清算公司的事项中经公司特殊决议批准或债权人自愿清算公司的事项中经法院或审查委员会批准，清算人可行使依照第三百二十一条第（四）（五）（六）（八）款规定赋予清算人的有关公司清算的所有权利。清算人行使本条款赋予的权利时，应在法院监督下行使，且债权人或分担人可向法院申请行使前述任何权利；

2. 未获本款第 1 项规定批准而对公司进行清算的，清算人可行使法院依照本法赋予清算人的其他任何权利；

3. 在落实分担人列表时，可行使本法赋予的法院的权力，分担人列表应作为该列表中所述的分担人的负债责任的确证；

4. 可行使法院关于催缴相关款项的权力；

5. 可以获得公司做出的特殊决议批准或清算人认为合适的其他事项为由召集和召开股东大会。

（二）清算人应偿还公司债务并调整分担人间的权利。

（三）委任多名清算人的，可按委任时的规定由一名或多名清算人行使本法赋予的任何权利，未明确规定的，可由不少于两名的清算人行使。

第三百七十六条 自愿清算公司时法院委任、停任清算人的权力以及对清算人委任事宜进行通知

（一）因某种原因存在没有清算人处理的事项的，法院可委任一名清算人。

（二）向法院提供任何原因的，法院可停任清算人，并委任其他清算人。

（三）清算人自委任后 21 日内应按规定格式向注册官发送委任通知，以供其登记。

第三百七十七条 清算人未履行本法第三百七十六条规定的，处罚款 15 万缅元。

第三百七十八条 对债权人具有约束力的约定

（一）即将清算的或正在清算的公司与债权人之间订立的约定，以特殊决议对该约定予以确认的，则该约定对公司具有法定约束力，债权人人数和价值的四分之三通过前述约定的，则该约定对债权人具有法定约束力。可依照本条规定对该事项提起上诉。

（二）任何债权人或分担人在约定完成后的 21 日内可向法院就该事项提起上诉，法院根据上述请求可对约定做出修订、更改或确认的裁决。

第三百七十九条 向法院申请裁定问题和行使权力的权力

（一）清算人或任何分担人或债权人可向法院申请，要求就公司清算过程中所产生的任何问题做出裁定；或就强制执行催缴或任何其他事宜，行使公司视同由法院清算时法院可行使的所有或任何权力。

（二）清算人或任何债权人或分担人可向法院申请下发撤销公司开始清算后对公司财产或所有物进行的合法查封或对财产进行的扣押或执行的命令。

（三）应向对公司清算具有审判权的法院提出上述申请。

（四）法院认为请求法院对所出现的问题进行裁决或行使所需权力或下发应遵守的命令的请求公正合理，且予以受理的，法院可按其认为合适的规定受理整个申请或申请的部分内容或针对申请做出法院认为合适的其他任何命令。

第三百八十条　公司自愿清算时的费用

公司清算时产生的包括清算人报酬在内的费用、报酬和开支，在不影响有担保债权人（若有）的权利的情况下，应从公司资产中优先于其他任何支付请求支付前述款项。

第三百八十一条　不影响债权人和分担人的权利

公司清算不得禁止任何债权人或分担人关于由法院清算公司的权利。但是，任何分担人提出申请的，法院应认可公司自愿清算将会影响分担人的权利。

第三百八十二条　法院关于规定公司自愿清算应落实事项的权力

公司自愿清算的，法院做出公司清算命令时，可按其认为合适的方式在上述命令中或以后续做出的的命令对公司自愿清算应落实的全部或任何事项进行规定。

法院监督下的公司清算

第三百八十三条　下达法院监督下的公司清算令的权力

公司以特殊决议决定自愿清算的，法院可下达有关债权人或分担人或其他人可自由向法院就自愿清算公司事宜提出申请，并应以法院认为合适的规定在法院监督下继续落实清算的命令。

第三百八十四条　法院监督下的公司清算申请的效力

以申请赋予法院审判起诉案件审判权为目的，在法院监督下继续开展公司清算的申请应视为由法院对公司进行清算的一项申请。

第三百八十五条　法院可考虑债权人或分担人的意愿

法院在法院清算公司和在法院监督下清算公司间做出决定时或委任清算人时或处理其他在法院监督下清算公司的相关事项时，可将债权人或分担人意愿视同要求前述人员提供的确证加以采纳研究。

第三百八十六条　法院委任、停任清算人的权力

（一）做出法院监督清算公司命令的，法院可以上述命令或后续下发的

其他命令下发再次委任任何清算人的命令。

（二）依照本条由法院委任的清算人在所有事项的处理中，应与公司委任的清算人具有相同权利和责任。

（三）法院可停任其委任的任何清算人或以监督令许可继续留任的任何清算人；因停任、死亡或离职出现清算人职位空缺的，可就该职位进行填补。

第三百八十七条　监督命令的效力

（一）做出法院监督清算公司命令的，清算人遵照法院限制性规定，经法院批准或法院不予干涉的，可依照自愿清算公司时的同样方法行使自身所有权利。

（二）除本条第（一）款所述事项和第三百三十八条规定所述事项外，法院做出的法院监督清算公司的任何命令在诉讼和其他程序的暂停等所有事项中应视为法院清算公司的命令，并应视为将涉及款项催缴或确认清算人做出的款项催缴的权力或将可视作行使法院下发的由法院清算公司的命令中可行使的所有权力全权赋予法院行使。

（三）在有关授权法院对官方清算人进行指示或对应对清算人做出的行动或任何事项进行指示的条款中所述的"官方清算人"应视为法院监督开展公司清算的清算人。

第三百八十八条　将自愿清算人委任为官方清算人

做出法院监督清算公司的命令后，做出法院清算公司命令的，法院可通过上述命令或后续其他任何命令将自愿清算人或清算人中的任何一人委任为官方清算人，该委任或临时或永久，或有他人参与或无他人参与。

补充条款

第三百八十九条　开始公司清算后不得进行转让和各类债务均需证明

（一）自愿进行公司清算的，开始公司清算后，除经清算人批准开展的转让以外的股份转让和公司股东身份地位情况的变更属无效。

（二）由法院清算公司或法院监督下清算公司的，在开始公司清算后，做出的公司财产（包括行动主张）的处置、股份的转让或公司股东身份地位情况的变更，除法院做出其他任何命令进行规定以外，均属无效。

（三）依照本法规定，按照破产法律对无力偿债公司进行清算的，在就清算中须偿付的所有债务，以及所有针对公司的主张，不论是现在的或将来的，或可能的或确定的，均可予以接纳为针对公司的证明，而对可能产生的或因其他原因产生的无明确价值的债务或主张，须尽可能就其价值做出公正的估计。

第三百九十条　破产规则对无力偿债公司清算的适用范围

在无力偿债公司的清算中，就有抵押债权人及无抵押债权人的相关权利、各项可证债权、年金及将来可能产生的负债而言，当其是根据破产法律对被判定破产人士的财产有效的规则，须予施行和遵守；上述事项中有权证明债权及从公司资产中获取分红的人，均可被纳入本次清算下，并可向公司提出其凭借本条有权提出的主张。

第三百九十一条　优先付款

（一）清算时，下述款项应优先于其他债务支付：

1.应在本条第（五）款规定日前12个月内给付给政府或任何地方当局的所有税收、税金、地方税和税费；

2.给付给在上述日期前2个月内为公司服务的文员或职工的工资或薪酬；

3.给付给在上述日期前2个月内为公司服务的计时或计件工人或任何体力劳动者的工资；

4.依照工伤赔偿法条例或其他相关法律应支付给任何死亡或受伤致残的公司管理人员或职员的赔偿金；

5.应从养老基金、退休基金、抚恤基金或其他任何基金中支付给公司员工的社会福利费用；

6.依照本法第二百七十一条第（一）款第3项规定开展调查时花费的费用。

（二）上述所有债务：

1.享有同等优先权，资产足以支付的，应全额支付；资产不足以支付的，应按照同等比例减少支付。

2. 公司资产不足以支付一般债权人费用的，应优先于公司资产浮动抵押证券持有人的支付主张从上述浮动抵押所含或相关任何财产对上述债务进行支付。

（三）在保留公司清算所需费用和开销金额后，应依照资产情况立即对前述债务进行支付。

（四）公司清算命令做出前3个月内，公司的任何货品或物品被房屋所有人或其他任何人作为抵债扣押的或财产作为抵债被扣押的，则获本条给予优先权的所有债务，即为被如此扣押的货品或物品或出售上述财产所得收益的第一抵押。房屋所有人或其他任何人在前述抵押支付事项中享有与抵押支付款项接收人同等优先权。

（五）本条前面部分提及的日期指：

1. 做出自愿清算公司命令后，未开始自愿清算公司的，指公司清算命令做出之日；

2. 其他事项中，指公司开始清算之日。

第三百九十二条　财产的放弃

（一）凡正进行清算的公司的财产中，有任何部分包括属任何保有形式的土地，而该土地负有责任苛刻的契约，或包括公司股份，或包括无利可图的合约，或包括无法出售或难以出售的任何其他财产，而因上述财产对其管有人有约束力，规定管有人须做出责任苛刻的作为，或须支付款项的，则公司的清算人即使已尽力出售或已取得该财产的管有，或已就该财产做出行使拥有权的作为，仍可在法院的许可下，依照本法规定在清算开始后12个月内或在法院容许延期的期间内的任何时间，以书面并加以签署的方式放弃该财产。

但如任何该类财产的存在，是清算人在清算开始后28天内仍不知情的，则清算人可在察觉该财产的存在后12个月内或在法院容许延期的期间内的任何时间，行使其根据本条所具有的放弃该财产的权力。

（二）自放弃财产之日起，视为对放弃的财产所属或与之相关的权利、权益和公司负债责任、公司的财产做出了决定。但除为解除公司及其财产的法律责任而有需要者外，该项放弃不得影响任何其他人的权利或法律责任。

（三）法院未批准弃权前或批准弃权时，可要求向利益相关方发送通知并规定可批准的条款，还可以法院认为合适的方式做出任何其他公正的命令。

（四）任何人如在任何财产中有利害关系，并已向清算人提出书面申请，要求清算人决定他会否放弃该财产，而清算人在接获该申请后 28 日内或在法院容许的更长期间内，并未向申请人发出通知，表示清算人拟向法院申请放弃许可的，则清算人无权根据本条放弃该财产；如属合约，而清算人在做出上述申请后，并未在上述期间或上述经法院容许的更长期间内放弃该份合约的，则公司应视为已采纳该份合约。

（五）如任何人相对于清算人而言有权享有与公司所订合约的利益或须承担该合约的义务的，则法院可应此人的申请而做出撤销该合约且对任何一方因该合约未获履行而须支付或可获支付的损害赔偿的支付条款进行规定的命令，或做出法院认为合理的其他命令。根据上述命令须支付给任何上述人员的任何损害赔偿，可由该人在清算中作为债权予以证明。

（六）任何人如声称在任何被放弃的财产中享有任何权益，或就任何被放弃的财产承担任何并未按本法获得解除的法律责任，则法院在以其认为合适的方式听取此人的陈词后，可应此人的申请做出命令，规定该财产按法院认为公正的条款，归属或交付予任何有权获得该财产的人，或归属或交付予法院觉得将该财产交付予他以就上述法律责任做出补偿乃属公正的人，或归属或交付予该人的受托人；上述归属令一经做出，该命令中所指的财产即据此归属于该命令中的人，而无须为此做出任何转让合约或规定。但被放弃的财产若属租赁性质，则除下列情形外，法院不得做出任何惠及因公司提出主张的人的归属令，不论该人是以分承租人身份或是以抵押权人的身份提出主张：

1. 该人所须承担的法律责任与公司在清算开始时根据该财产的租约而须承担者相同。

2. 该人所须承担的法律责任，仅犹如该租约若在上述日期转让予该人则该人须承担者一样，或犹如该租约若只包括该归属令中所指的财产则该人须承担者一样；任何分承租人或任何抵押权人如拒绝接受按该类条款做出的归属令，则须被排除于该财产的所有权益及设定于该财产上的所有抵押之外；如公司里提出主张的人中并无任何人愿意接受按该类条款做出的命令，则法院有权将公司就该财产享有的产权及权益归属于任何有法律责任履行该租约所载的承租人的承诺的人，不论该人是以个人或代表人身份承担该责任，亦不论该人是单独或是与公司共同承担该责任，而该人并不受公司就该财产设定的一切产业权、产权负担及权益的约束。

（七）任何人如因本法做出的放弃受到损害，可视为公司的债权人，但仅以损害的金额为限。此人还可因此在有关清算中将该款额作为债权予以证明。

第三百九十三条　欺诈优惠

（一）公司做出或针对公司做出的对任何个人做出的或针对任何个人做出的被视为破产欺诈优惠的财产进行转让、交付、付款、执行或其他任何行为，视为对公司债权人的欺诈优惠，且前述所有行为视为无效。

（二）针对本条所述事项，由法院或法院监督进行公司清算事项中公司清算申请的提交和自愿清算公司事项中公司清算决定的提交应视同个人相关的破产行为。

（三）公司为其债权人权益将公司所有财产转让给受托人的行为无效。

第三百九十四条　不得查封或执行等

（一）由法院或在法院监督下进行公司清算的，公司开始清算后，未经法院批准，对财产或资产进行查封、没收或依照其他任何法定程序执行或未经法院许可出售任何公司财产的行为无效。

（二）本条任何条款规定不适用于政府执行事项。

第三百九十五条　浮动抵押的效力

公司清算时，自清算之日起3个月内做出公司业务或财产相关的浮动抵押的，除非证明公司在抵押设定后有偿债能力，否则该项抵押属于无效。但对于在该项抵押设定时或其后支付予公司作为该项抵押的对价的任何现金款额，以及该款额按该项抵押内每年 5% 计算的利息仍有效。

第三百九十六条　可批准清算总体方案

（一）经法院批准，在法院或法院监督下清算公司时或自愿依照公司特殊决议批准清算公司时，清算人可落实下述全部或任何事项：

1. 向任何类别的债权人进行全额支付；

2. 与债权人或要求成为债权人之人或公司现在或未来可能承担责任的诉求的提出人达成和解或任何其他约定；

3. 就公司与分担人或指定的分担人或其他债务人或对公司承担有责任的人之间产生的款项催缴和因款项催缴产生的责任、债务和因债务产生的责任，以及现在或将来存在的或可能存在的诉求和与公司或公司资产或公司清算相关的事项，按照达成一致意见的规定进行协商处理，可采取任何担保处理上述诉求、债务、负债责任或索赔，并确保圆满完成前述事项。

（二）清算人须在法院监督下行使本条规定的权力，债权人或分担人可向法院申请行使上述权力。

第三百九十七条　法院评估违法董事损害赔偿的权力

（一）公司清算时，法院发现参与公司成立或发起的人或曾经或现在正在任职的董事、清算人或公司的任何管理人员存在对公司资金或财产进行挪用、持有或应承担责任，或曾犯涉及公司的滥用权力或违反信托行为的，法院对自清算人、债权人或分担人在公司清算中第一次聘用清算人之日起或挪用、持有、滥用权力或违反信托之日起 3 年内或更长时间内提起的申请，可对发起人、董事、清算人或管理人员的工作进行讯问并强制前述人员按法院认为合理的利息偿还或归还资金或财产。法院还可以其认为合适的方式，强制将上述金额作为挪用、持有、滥用权力或违反信托的赔偿归入公司资产。

（二）依照其他任何犯罪相关法律，违法人员应承担刑事责任的，仍应适用本条规定。

第三百九十八条　篡改资料的处罚

任何被清算的公司的董事、管理人员或分担人对资料、文件或证券进行破坏、损毁、变更、伪造或欺瞒或为欺骗他人或以欺骗为目的对登记簿、账簿或公司所属文件进行误导或欺骗性编写或批准做出上述行为的，上述董事、管理人员或分担人除须判处 7 年及以下有期徒刑外还应处罚款。

第三百九十九条　对违法董事的检控

（一）法院发现曾经或现在正在任职的董事或其他管理人员或任何公司股东在法院或在法院监督下对公司进行清算的事项中，犯有任何与公司相关的可判刑罪行的，经公司清算利益相关方申请或法院亲自采取行动，可要求清算人起诉违法人员或将前述事项告知注册官。

（二）公司进行自愿清算时，清算人发现曾经或现在正在任职的公司董事或其他管理人员或公司股东犯有与公司相关的可判刑罪行的，应立即将该情况报告注册官，同时将前述相关材料报送注册官。此外，清算人应许可注册官根据需要查阅或复印与所发生事项相关的由清算人保管的或由清算人监督管理的信息材料或文件。

（三）向注册官报送本条第（二）款规定所述报告后，注册官可就按照其认为合适的方式对上述事项进行调查事宜向联邦部长上报。经上报，联邦部长认为可以对上述事项进行调查的，可申请法院下发一项命令将法院清算公司时依照本法赋予调查公司事项的所有权力赋予前述联邦部长授权调查相关公司相关事项的任何人员。

（四）注册官认为本条第（二）款规定中提交的报告相关事宜不属于注册官可追究事项的，应将此情况告知清算人。此时，清算人可事先获法院批准后对违法人员提起诉讼。

（五）自愿对公司进行清算时，法院发现曾经或现在仍在任职的公司董事、其他管理人员或公司股东犯有上述与公司相关的罪行的，清算人未就该事项向注册官报告的，法院可通过公司清算利益相关方申请或法院亲自采取措施要求清算人提交上述报告，依照本条规定提交的报告应与依照本条第（二）款规定形成的报告具有同等效力。

（六）依照本条规定就任何事项向注册官报告或移交时，注册官应优先让被指控人向其书面澄清，澄清后注册官认为前述报告事项仍应起诉的，应向联邦最高检察院征求意见，对联邦最高检察院提出的意见加以考虑后决定起诉的案件，除诉讼中涉及的被告以外的曾经或现在仍在任职的公司的清算人、管理人员和代理应提供起诉相关所有帮助。本款规定中相关事项所提及的与公司相关的"代理"应被认为是公司委任的属于或者不属于公司管理人员的银行业者或法律顾问或审计师。

（七）对未按本条第（六）款规定提供所需帮助的任何人，法院可应注册官的申请指示上述人员遵照前款规定落实；上述申请与清算人相关的，除因公司资产不足导致清算人未履行或忽视前款规定的以外，其他原因导致的未履行或疏忽产生的上述申请所有费用，法院可要求清算人自行承担。

第四百条 伪证处罚

任何人在依照本法立誓的讯问或依照本法对公司进行清算或与公司清算相关的宣誓书、证据或承诺或本法项下发生的事项中或与该事项相关的事项中，故意提供伪证的，应判处 7 年及以下有期徒刑并处罚款。

第四百零一条 罚则

（一）曾经或现在仍在任职的公司的董事或其他管理人员在法院或法院监督下清算公司事项中或自愿清算公司事项中触犯被指控罪名时，或触犯被指控罪名后法院对公司自愿清算下发命令时或公司就自愿清算做出任何决定时：

1. 未向清算人如实上报本人所了解的有关除采取正常途径开展公司经济业务以外的何时以何方式向何人以何种对价处理全部或部分公司实际财产或个人财产情况的；

2. 未向清算人或未按清算人要求交出依法应交出的由任何个人保管或监管的公司的全部或部分实际财产或个人财产的；

3. 未向清算人或未按清算人要求交出依法应交出的由任何个人保管或监管的公司所有相关资料和文件的；

4. 公司开始清算前 12 个月内或在此之后任何时间内隐瞒公司任何财产或隐瞒向公司或应由公司支付的任何债务的；

5. 公司开始清算前 12 个月内或在此之后任何时间内以欺骗为目的将公司任何财产排除在外的；

6. 公司事务相关说明中遗漏重要内容的；

7. 公司清算时，知晓或确信任何人提供假债，且未在一个月内将此情况反映给清算人的；

8. 公司开始清算后，阻止编制上报公司财产或公司事务相关的资料或文件的；

9. 公司清算前 12 个月内或在此之后的任何时间，对公司财产或公司事务相关的资料或文件进行隐瞒、破坏、损毁、伪造的或批准前述行为的；

10. 公司清算前 12 个月内或在此之后的任何时间，对公司财产或事务相关资料或文件进行伪造的或批准前述行为的；

11. 公司清算前 12 个月内或在此之后的任何时间，对公司财产或事务相关文件以欺骗为目的对部分内容进行更改的或遗漏的或批准前述行为的；

12. 公司开始清算后或公司清算前 12 个月内，在公司债权人会议上试图对公司的任何财产以不实损失或费用编写资料的；

13. 公司清算前 12 个月内或在此之后的任何时间，以虚报或其他欺骗方式以公司未来不会为公司或公司代表支付的债务获得公司任何财产的；

14. 公司清算前 12 个月内或在此之后的任何时间，虚报公司正在开展经济业务以公司在未来不会为公司或公司代表支付的债务获得公司任何财产的；

15. 前述行为除未按正规途径开展公司经济业务以外，在公司清算前 12 个月内或在此之后的任何时间对以债务获得的尚未支付的任何公司财产进行典当、抵押或处置的；

16. 因对公司事务或公司清算或为获得公司债权人或任何债权人的同意进行虚假陈述或其他任何欺骗行为而犯罪的，触犯本条第（一）款中第 13、14、15 项分别所述任何罪行的，处 5 年及以下有期徒刑，触犯其他罪行的，处 2 年及以下有期徒刑。但是，依照本条第（一）款第 2、3、4、6、14、15 项规定被指控的被告，可提供其未进行欺骗的证据进行辩护；此外，依照本条第（一）款第 1、8、9、10 项规定被指控的被告，可提供其未隐瞒公司事项或未违法的证据进行辩护。

（二）任何人在依照本条第（一）款第 15 项规定可能构成某项犯罪的情

况中，对任何财产进行典当、抵押和处置的，或明知财产属于典当、抵押或处置依旧参与或接收的，对前述人员处 3 年及以下有期徒刑。

第四百零二条 确定债权人或分担人意愿的会议

（一）有足够证据显示依照本法按债权人和分担人意愿授权法院对公司进行清算的，法院可以其认为合适的方式按照法院指定的方式召集和召开债权人和分担人会议以审议确定债权人和分担人意愿。此外，还可委任任何人作为会议主持并负责将会议结果报告法院。

（二）与债权人相关的事项，应对每名债权人的债务价值加以研究。

（三）与分担人相关的事项，应根据本法、公司章程或分担人股份规定对每名分担人的可投票数量加以考虑。

第四百零三条 公司文件作为证据采纳

对任何公司进行清算时，公司和清算人的文件中记录的所有事项应作为分担人之间有关事项的真实可靠的证据。

第四百零四条 文件的检查

做出由法院或法院监督进行公司清算的命令的，法院可以其认为合适的方式做出命令允许公司债权人或分担人对公司文件进行检查，债权人或分担人可以前述命令对公司现有的任何文件进行检查。但是，不得重复或以其他方式进行检查。

第四百零五条 公司文件的处置

（一）任何公司清算后解散时，可按下述要求处理公司和清算人的文件：

1. 由法院或法院监督进行公司清算的，应按法院指示进行处理；

2. 自愿清算公司的，按公司特殊决议要求进行处理。

（二）公司解散 3 年后，文件相关人员不得以尚未收到前述文件为由追究公司或清算人或文件保管人任何责任。

第四百零六条 法院关于宣布公司解散无效的权力

公司解散后，自解散之日起两年内，经由公司清算人或法院认为的利害关系人申请，法院可按其认为合适的规定做出公司解散无效的命令，之后公司应像未解散前一样履行相关案件相关程序。

第四百零七条 依照第四百零六条申请命令的申请人，应在该命令做出后 21 日内向注册官发送一份该命令经核证的副本，未发送的，处罚款 25 万缅元。

第四百零八条 与待决清算相关的资料

（一）公司解散完成时，自清算之日起一年内未完成清算的，清算人在清算完成前应每年 1 次和间隔不超过 12 个月的时间内（直至清算结束）向法院或注册官按规定格式报送一份有关清算人清算工作开展和清算情况相关的专项说明报告。

（二）书面表明本人身份为公司债权人或分担人的，其本人或其代理在任何时间缴纳规定费用后可查阅说明报告，并可获得报告副本或进行摘录。但发现虚称本人为债权人或分担人的，视为触犯《刑法典》第一百八十二条规定犯罪，经清算人申请，应按前述罪行定罪。

（三）向法院报送说明报告时，应同时向注册官发送一份说明报告副本，注册官应将该副本与公司其他档案一并存放。

第四百零九条 清算人未履行第四百零八条规定的，处罚款 25 万缅元。

第四百一十条 清算人将款项存入银行

（一）由法院清算的公司的全体清算人须按规定方式在规定时间内就其收到的款项存入指定银行。但是，法院同意清算人因开展公司经济业务、获得预付款项或以涉及债权人和分担人利益为由在其他任何银行开设账户的，法院可批准清算人通过其选定的银行按规定方式结算款项。

（二）清算人任何时候持有 25 万缅元资金的，或就特定事项持有法院规定的资金数额 10 日以上的，且未向法院申请获得其同意的，清算人须对其持有的款项数额支付 20% 的利息。法院还可通过合理方式不批准前述清算人的全部或部分报酬，且可以解除其职务。另外，清算人还应支付因其失职产生的费用。

（三）被清算的公司的任何清算人应开设专门银行账户，清算人须将其接收的所有款项存入该账户。

第四百一十一条 见证宣誓书宣誓的法院或个人

（一）可在位于缅甸境内任何地方的任何法院、法官或正式授权其做出宣誓书的任何个人的见证下或在缅甸境外的缅甸领事、副领事或大使见证下，对本部分所含规定或所有事项所需的宣誓书进行宣誓。

（二）缅甸境内的法院、法官、大法官、委员会委员、司法人员对为施行本部分规定事项而须使用的宣誓书或任何其他文件所附的任何上述法院、法官、个人、领事或副领事或大使的印章或签名，须予以司法认知。

第四百一十二条 联邦最高法院颁布细则的权力

（一）联邦最高法院可针对在本院和其下属法院进行的公司清算、自愿进行的公司清算（包括公司股东和债权人清算两种）、就本法第二百八十七条规定事项相关事宜举行的债权人和公司股东会议、依照本法向法院提交的申请等适时制定与本法或民事诉讼法相适应的细则规定。此外，还可针对本法规定的公司清算及其相关事项颁布细则。

（二）在不影响上述权力情况下，联邦最高法院在按照前述细则处理下述事项时，可获得并行使和落实依照本法赋予法院的，由官方清算人或法院监督执行和落实的权力及责任的所有或部分：

1. 召集和召开会议以获得债权人和分担人的意愿；

2. 确定分担人列表，按需确认公司股东登记簿，收集使用资产；

3. 需向清算人提供财产或文件的；

4. 款项催缴；

5. 规定提供债务和诉求证据的时间。

但是，未持法院特殊许可的官方清算人不得对公司股东登记簿进行确认。此外，未持法院特殊许可不得进行款项催缴。

第二十七章 清算未注册的公司

第四百一十三条 清算未注册的公司

（一）针对本章即第二十七章所有事项中的"未注册公司"指依照本法

成立的公司以外的依照其他法律成立的法人、合伙企业、团体或公司机构。

（二）可依照本法规定清算未依照本部分规定或其他任何相关法律注册的公司，本法有关公司清算的所有规定应与下述例外和附加条款一同适用于未注册公司：

1.缅甸境内开展公司主要商业活动的地点应视为公司的注册办公室；

2.任何未注册公司不得依照本法进行自愿或监督清算；

3.可对未注册公司进行清算的情形如下：

（1）未注册公司被解散的或商业活动被停止的或只开展公司清算事务相关的商业活动的；

（2）未注册公司对其债务无法偿还的；

（3）法院认为对未注册公司的清算合理正确的。

4.未注册公司针对本法事项出现下列情形的，视为无法偿还债务：

（1）通过交托或其他任何方式，公司应向债权人支付25万缅元以上款项的，债权人向公司主要商业活动地点或公司的董事或管理人员或以法院认可或规定的任何方式发送付款主张要求未注册公司支付应支付的款项的，未注册公司收到付款主张后21日内未支付前述款项的或未做出债权人满意的担保或利息支付的；

（2）就未注册公司或公司股东应支付的债务或向其提出的诉求对公司股东提起诉讼或任何审查的，将该诉讼或审查书面通知发送至该公司主要商业活动地或发送给公司董事或管理人员或通过法院认可的或规定的方式发送的，未注册公司收到通知后10日内对前述债务或诉求主张未予支付或未做出担保或未支付利息的，或未申请暂停诉讼或审查的，或未向诉讼当事人支付其满意的赔偿以及当事人因前述事项产生的费用、损失和花费的；

（3）对任何法院做出的反对未注册公司或公司股东或代表公司以名义被告被起诉的任何人，判定债权人赢得诉讼的裁决或命令的执行或其他事项的处理不满意的；

（4）提供法院认可的未注册公司无法偿还债务的其他证据的。

（三）本部分任何规定不得影响依照其他任何法律或依据本法废除的法

律针对将作为公司或未注册公司进行清算的法人、合伙企业、团体或未注册的公司做出的任何规定。但是，已废止条款所涉及的事项应视为本法相关条款（若有）所涉及事项。

第四百一十四条　清算未注册公司时的分担人

清算未注册公司时，应对公司债务或负债责任进行支付或分担的，或因协调公司股东间权利须支付或分担任何款项的，或须支付或分担因清算未注册公司产生的费用和花费的所有人，应视为分担人。所有分担人有责任将其就前述负债责任进行支付的所有金额纳入未注册公司的资产。

任何分担人死亡或破产的，已故分担人的法定代理和继承人、破产的分担人的受托人相关事宜，应适用本法条款。

第四百一十五条　暂停或停止诉讼程序的权力

公司申请清算后至公司清算命令下发之前的任何时间内，本法有关暂停或停止针对公司的诉讼和审判程序的规定，若属未注册公司债权人申请前述暂停或停止的，应暂停针对未注册公司的任何出资人提起的诉讼和审判程序。

第四百一十六条　要求暂缓公司清算令的诉讼

针对未注册公司下发清算令时，除依照法院批准或法院规定的规章执行外，不得就未注册公司的任何债务向该公司的分担人提起任何诉讼或审判程序。

第四百一十七条　特定情况下财产的相关指示

未注册公司无权或因任何原因无法以其名义提起诉讼或被诉讼的，法院可以公司清算令或后续任何命令对未注册公司或该公司信托人相关的动产或不动产相关利益和权利、义务、诉讼请求在内的动产或不动产的全部或部分以公司名义交付官方清算人，之后应将命令中所述财产或该财产的任何部分按照规定进行交付。官方清算人依照法院指示对赔偿款（若有）进行支付后，可以其名义对前述财产提起诉讼或对诉讼案件审判进行辩护，或为有效开展未注册公司清算和收回该公司财产提起必要诉讼和进行辩护。

第四百一十八条　本部分规定可叠加适用

本部分有关未注册公司的条款不限制本法前面部分有关法院清算公司的

规定且可叠加使用，法院和官方清算人在未注册公司事项中，可行使其在清算依照本法成立的公司或注册的公司时行使的权力。但是，未注册公司除对其进行清算的事项外，不得视为本法项下的公司，只能视为本部分事项中的公司。

第二十八 注册官、注册办公室、文件登记、查阅的权力和费用

第四百一十九条 注册官

（一）自本法生效之日起，投资与公司管理局或其任何继承机构应获得注册官权力，履行其工作责任。

（二）注册官除行使本法和其他任何相关法律或依据前述法律适时规定的权力和工作责任外，还有权落实行使前述权力和责任所需事项。

（三）联邦部长可对注册官权力和责任的行使进行指示。

（四）在不限制本条第（一）至（三）款规定的情况下，注册官有权针对一般或特殊情况做出指示以实施本法。

（五）在向投资与公司管理局或其继承机构移交注册官责任期间，在投资与公司管理局担任局长或获得同等职位的人员可执行注册官的权力和履行其责任，还包括在局长监督下将其任何权力和责任再行赋予投资与公司管理局或其继承机构中的其他官员或职员。

（六）本条规定不得限制依照任何相关法律规定可委任注册官或对注册官权力进行委托的任何其他规定。

第四百二十条 注册办公室

（一）依照本法对公司进行注册的，应在联邦部长认为合适的地方设立办公室，任何公司不得在前述设立的办公室之外的任何地方注册。

（二）为进行公司注册或确保注册相关文件的真实性，联邦部长可指示公司制作一枚或多枚公司印章。

第四百二十一条 保存与查阅登记簿和档案

（一）注册官应对依照本法应由其保管的所有登记簿和依照本法应向其提交的所有档案进行整理保存。

（二）为以电子系统更新、发送、集中、保管档案和登记簿以及依照本法与所有注册机构进行联络，注册官除应建立前述系统和程序外，还应履行交付给注册官的责任和按照其认为合适的方式履行本条第（一）款中所述责任。本款规定不限制且适用于依照本法或其他相关法律对前述事项进行监督的权力的行使。

（三）在不违反本条第（七）款规定的情况下，注册官对文件的注册或不予注册的许可不得作为判定前述文件是否有效或前述文件所含信息是否正确或其他内容的依据。

（四）在不影响其他相关权力的情况下，联邦部长可颁布所需规章、制度、命令或通令以使本条第（一）款和第（二）款相关事项有效。尤其可改进工作体系促进依照本法注册的公司和注册官间通过电子方式进行的文件注册和联络，还可对使用电子技术就该事项中依照本法注册的公司进行重新注册、对应支付的款项所需规定加以阐明，前述费用应与针对非电子方式注册行为和注册规定的费用区分开。

（五）任何人在支付联邦部长规定的费用后可查阅注册官保管的登记簿和档案。

（六）任何人在支付联邦部长规定的费用后可获得经由注册官证实的任何公司成立的证书或复印件或依照本法应提交给注册官的公司档案及其与档案一并保存的其他文件的摘录或其他文件的任何部分的文件复印件或摘录的信息副本。

（七）除有明显错误以外，依照第四百二十二条和第四百二十三条错误改正程序注明错误内容并依照本条第（六）款规定由注册官签字确认正确的文件在诉讼程序中可作为与文件原件具有同等效力的合法证据予以采纳。

第四百二十二条 登记簿的更正

（一）注册官：

1. 经任何人申请，发现登记簿中任何信息存在错误或隐瞒的，可依照本法对注册官保存的登记簿进行更正；

2. 注册官发现在工作中因失误对登记簿中的任何信息未正确记录的，可更正前述信息；

3. 经任何人申请，注册官与公司进行商议后，发现对因公司工作失误导致公司保存的登记簿信息不正确的和对该错误信息进行更正不影响其他任何人的，可要求公司对公司所保存的登记簿信息进行更正。

（二）在注册官依照本条第（一）款第1项规定对任何登记簿进行更正前，注册官：

1. 应就申请对前述公司登记簿进行更正的申请书面通知公司，并注明前述申请详细内容。

2. 申请内容涉及抵押登记或财产负担登记的，对与之相关的登记簿申请进行更正的，应就前述申请书面通知抵押权人或负担权人，并注明前述申请详细内容。

3. 应向公众发布包含下述信息的通知：

（1）申请人姓名；

（2）公司名称；

（3）登记簿更正的详细信息及更正的原因；

（4）应向注册官上报可对拟修正内容提出书面异议的日期，该日期应为自通知发出之日起不晚于28天的任何一天。

（三）任何人可在不晚于本条第（二）款第3项第（4）项中规定的日期内向注册官发送针对拟修正的登记簿内容提出的书面异议，注册官应向登记簿更正申请人发送一份前述书面异议的副本。

（四）注册官在规定日期内收到针对拟修正的登记簿内容提出的书面异议的，该书面异议未予撤回的，注册官不得依照本条第（一）款第1项规定修正登记簿。

第四百二十三条　法院的权力

（一）注册官按照第四百二十二条第（三）款规定收到就拟修正的登记簿内容提出的书面异议的，登记簿修正申请人可向法院申请下发有关前述修正的命令。

（二）按照本条第（一）款规定申请做出任何命令时：

1. 申请人应将前述申请事宜尽早通知注册官；

2. 注册官可出庭听审前述申请。

（三）按本条第（一）款规定申请任何命令的，法院发现登记簿中任何信息录入错误的或存在失误隐瞒的，可下发修正前述登记簿的命令。

第四百二十四条　应向注册官提交文件的格式

（一）须依照本法按照规定格式向注册官提交的任何文件：

1. 依照本法制定的规章、细则或通令对文件申请格式进行规定的：

（1）应以前述规定的申请格式提交；

（2）应包括申请格式所需信息、声明、注释或其他所需事项；

（3）应附有申请格式所需其他信息。

2. 未以规章、细则或通令对文件格式进行规定，而由注册官对文件申请格式进行规定的：

（1）应以前述确定的申请格式提交；

（2）应包含申请格式所需信息、声明、注释或其他所需事项；

（3）应附有申请格式所需其他信息。

（二）依照本法提交的任何文件应适用本条第（一）款规定，未发现与之相对立的，按相关申请格式提交的文件和其他信息应包括于依照本法提交的任何文件中。

（三）如果：

1. 有需要按规定格式向注册官提交依照本法应提交的任何文件；

2. 本法任何规定对文件应包含的或应与该文件一并提交的其他信息中应包含的信息、声明、注释或其他事项的规章、细则或通令进行明确或规定的。

其他任何规定不得排斥或限制本条第（一）款有关申请格式规定的落实。

此外，前述规定的申请格式还可包含该申请格式应包含的信息和与之一并附带的信息。

第四百二十五条 文件的登记

（一）注册官收到须将任何文件补充进依照本法保存的登记簿的，则应：

1. 依照本条第（二）款规定将前述文件登记入相关登记簿；

2. 文件不属于年度报告的，应就文件登记、编制事宜书面通知文件提供人。

（二）注册官收到应依照本法登记的任何文件，出现下列情形的：

1. 已规定申请格式，但未按规定格式提交的；

2. 未遵照本法或依照本法制定的规章、细则或通令执行的；

3. 不属于印刷或打字机打印的；

4. 对登记簿全部或部分内容使用电子方式保存的，但未以电子方式直接记录的信息格式整理的；

5. 文件不完整的；

6. 包含研阅不清晰的信息的。

注册官可拒绝此类文件登记并做出下述要求：

（1）对前述文件进行必要修改、补充并重新提交以供登记；

（2）整理其他新文件代替该文件提交。

第四百二十六条 注册官查阅的权力

（一）在不限制依照任何相关法律赋予联邦部长、机构或任何政府部门或任何类似人员或任何法人团体的权力的情况下，注册官可：

1. 针对下述事项：

（1）核查任何公司或任何公司的任何董事是否遵照本法；

（2）核实注册官是否行使本法赋予其的权利或权力；

（3）查明违反本法的犯罪。

2. 注册官认为为公众利益有需要的，可开展下述任何事项：

（1）可要求任何个人提供其拥有或监管下的相关文件供注册官查阅；

（2）查阅或获取相关文件的副本；

（3）取得相关文件和从文件保存之地移动文件并在适当的时间内留存以获取副本；

（4）有合理理由相信相关文件为违法的证据的，在所有合理的情况下，可对相关文件保存一段时间。

（二）行使的权力属于与依照其他任何相关法律由缅甸中央银行监管安排的银行或其他银行或金融机构的公司相关的，注册官在行使本条第（一）款规定赋予的任何权力前，应与缅甸中央银行协商。

（三）任何人不得妨碍或阻碍注册官或注册官授权的任何个人行使本条第（一）款规定赋予的权力。

（四）按照本条第（一）款规定做出任何行为之后，注册官认为应进行诉讼的，注册官在考虑联邦最高检察院的意见后决定起诉的，应提起诉讼。本款规定不得限制本法就前述事项赋予注册官的其他任何权利的行使。

第四百二十七条 任何人明知且故意做出以下行为的：

（一）违反第四百二十六条第（一）款第 2 项第（1）项中的任何规定的。

（二）做出违反第四百二十六条第（三）款规定的行为的。

应针对每项罪行处罚款 1000 万缅元。

第四百二十八条 针对注册官的决定进行的上诉

（一）因注册官依照本法做出的决定遭受损失的任何人，可自决定通知之日起 28 日内向联邦部长提起上诉。

（二）联邦部长在对本条第（一）款中的上诉进行核实后可对注册官的决定做出维持、更改或驳回的决定。

第四百二十九条 费用

（一）依照本法应向注册官支付费用的事项，即为应向注册官支付联邦部长规定的其他任何费用。

（二）依照本法应向注册官支付的所有费用应纳入联邦财政基金。

第四百三十条 向注册官提交报表和文件

（一）任何公司不履行本法有关向注册官报送报表、账目或其他文件的规定或向注册官通知其他事项的规定的，自通知公司改正前述不履行行为之日起 21 日内未完全按规定履行的，公司股东或公司的债权人、注册官就前述事项向法院申请的，法院可做出要求公司和公司管理人员在法院规定的时间内进行修正的命令。

（二）可在前述任何命令中对不履行规定的公司或公司管理人员应对申请支付的相关费用进行规定。

（三）本款任何规定，不得影响本法或其他任何有关针对上述任何不履行规定的相关的公司或该公司管理人员进行处罚的规定的执行，或不得限制注册官对未履行本法规定的任何公司或公司任何个人进行的任何处理。

（四）公司未依照本法第九十七条规定提交所需年度报告或对向注册官提交的文件进行虚报的，注册官发现前述事项相关的信息对公司、公司的债权人或其他公众的利益有重大影响的，可向公司发送包括计划暂停公司注册、公司待支付的费用及规定的处罚在内的通知，公司未在 28 日内对前述未履行事项进行修正的，注册官可对公司注册进行暂停。

（五）注册官可就公司针对本条第（四）款做出的暂停提出的申请采取如下行动：

1. 公司提交申请时，对所需提交的年度报告、针对年度报告应支付的费用和规定的滞留费或罚款一并进行提交的，可取消因未提交年度报告导致的暂停和将公司重新纳入注册官保管的登记簿中；

2. 公司对申请中的文件错误进行修正的和提供足以让注册官可接受的理由充分的确切信息的，且支付待支付的费用和规定的滞留费或罚款的，可取消因隐瞒或虚报导致公司遭受重大损失而做出的暂停和将公司重新纳入注册官保管的登记簿中。

（六）自本条第（四）款注册暂停之日起满 6 个月后，注册官可将该公司自登记簿除名并在国家公告中对前述事项加以公告，前述通知在国家公告中进行公告之日应解散公司。但是，尚有公司董事和公司股东负债责任的，与公司解散前一样继续有效。

（七）公司、公司股东或债权人认为因公司自登记簿除名遭受损失的，并向法院提出申请的，法院发现在公司被除名时已经开始开展经营活动的或认为有任何其他合理理由将公司重新纳入登记簿的，经前述人员申请，法院可做出将公司重新纳入登记簿的命令。此后，该公司将被视为未被除名而继续存在，法院可下发命令做出恢复公司和其他所有人员在公司未被除名前的状态和职位的合理的指示和规定。

（八）在不影响本法其他任何规定的情况下，本条第（四）款规定应适用于就注册官检查文件的权力、调查的权力、从登记簿中将被解散公司除名、发送犯罪通知或提起诉讼或清算和撤销注册等针对公司做出的命令的权力的行使或本法规定的针对相关任何人员做出的命令的权力的行使。

第四百三十一条　注册官对登记簿中已停业公司进行除名

（一）注册官有合理理由相信公司并未营业的，注册官可通过邮递、电子方式或可通知公司的其他方式向公司发送通知以询问公司是否在营业或要求公司重新上报。

（二）自注册官发送前述通知之日起 28 日内，公司未做出答复的，在前述日期结束后 60 日内按照本条第（一）款中任一方式向公司再次发送通知函，该通知函应包含未获得答复的内容，并附上第一封通知函，自第二封通知函发出之日起 28 日内仍未获得答复的，应在国家公报中刊登关于将对前述公司从登记簿中除名的通知。

（三）收到公司关于未营业的答复的或在第二封通知函发出后 28 日内未获得答复的，注册官应在国家公报发送一份有关自通知发出之日起 3 个月内未提出任何异议的，则该公司将被从登记簿除名和被解散的通知，并将该通知按照本条第（一）款规定中的任一方式发送给公司。

（四）注册官确信公司清算时没有清算人参与开展清算的或公司事项完成清算后连续 6 个月内未在注册官发出要求通过本条第（一）款规定中的任一方式向公司或清算人最新工作地点发送清算人所需做出的答复的通知后予以答复的，注册官应按照本条第（三）款规定在国家公报中刊登一份通知，并将该通知发送给公司。

（五）通知函规定的时间结束后，公司未提出任何异议的，注册官可将该公司从登记簿中除名并将该事项在国家公报中予以刊登，在国家公报中对前述通知进行刊登后，则应解散公司。但是，尚存在公司董事和公司股东负债责任的，应视同公司被解散前同样有效。

（六）公司或公司股东或任何债权人认为因公司自登记簿被除名遭受损失的，法院发现在公司被除名时公司已经开展经营活动或发现有其他任何理由应将公司重新纳入登记簿的，经前述人员申请，法院可做出恢复公司在登记簿中的名称的命令。此后，该公司应视为未被除名而继续存在，法院可下发命令做出恢复公司和其他所有人员公司未被除名前的状态和职位的合理的指示和规定。

（七）依照本法做出的通知应发送至公司注册地点或通过公司提交给注册官的电子方式发送或在全国范围内发行的日报中进行刊登或发送至公司的董事或管理人员。注册官不知悉董事或管理人员名字和地址的，可将前述通知发送至公司章程中记录的公司成立申请文件中所含公司股东名单中的任何人员的地址。

（八）本条规定的施行不影响且适用本法第四百三十条第（四）款规定所涉及的注册官的权力或依照本法赋予的其他相关权力的行使。

第二十九章　法院的审判权和诉讼程序

第四百三十二条　法院的审判权

本法项下具有审判权的法院指省或邦高等法院，但是联邦最高法院可赋予任何县级法院审判权。

诉讼程序

第四百三十三条　警察无权审理的犯罪

无论《刑事诉讼法》如何规定，本法项下涉及前述《刑事诉讼法》事项的所有犯罪，应视为警察无权审理的犯罪。

第四百三十四条　要求有限责任公司就费用做出担保的权力

有限责任公司在任何诉讼或审判程序中成为原告或申请人的，诉讼当事人在前述事项中辩护成功的，法院确信公司无法支付诉讼费用的，可要求公司就前述费用做出足额担保，完成担保提供之前可暂停所有诉讼程序。

第四百三十五条　法院针对部分案件给予宽免的权力

（一）针对本法项下的疏忽、不履行、违反行为（包括本法下的责任）、违背本条项下针对任何个人的责任或信托的案件，听审前述案件的法院发现对前述疏忽、不履行、违背责任或信托的有责任或可能有责任的任何个人，在包括对其进行委任在内的所有案件中行事都诚实合理的，应就其做出的疏忽、不履行、违背责任或信托的行为进行公正审理的，法院可按其认为合适的规定对前述人员的全部或部分责任给予宽免。

（二）本条项下的任何人有理由确信会因其疏忽、不履行、违反本法行为（包括本法项下任何责任）而被提起任何诉讼的，前述人员可请求法院给予宽免。法院收到前述申请后，同样有权依照本条规定针对前述人员因其疏忽、不履行、违背应付责任或信托被起诉的案件对其给予宽免。

（三）本条规定项下的个人指下述人员：

1. 公司董事；

2. 公司秘书（若有）；

3. 公司其他管理人员；

4. 公司聘请的属于公司管理人员或不属于公司管理人员的审计师。

第四百三十六条　如何开展诉讼程序

依照本法针对本法项下任何犯罪提起的诉讼所需信息、控告、诉状或申请可由下述人员提供：

（一）注册官：对须由其亲自处理或对申请或请求做出回复的事项。

（二）有理由认为会因第四百三十五条所述违反本法规定的行为被起诉抓捕的可申请本法项下宽免权的任何个人。

（三）联邦部长书面赋予起诉权利的任何人。

第四百三十七条　注册官介入诉讼程序的权力

（一）注册官可介入本法项下有关事项的任何诉讼程序。

（二）注册官介入本条第（一）款项下任何诉讼程序的，注册官可作为前述诉讼程序的一方当事人，并享有本法规定的当事人权利和履行当事人责任和义务。

第四百三十八条　开展诉讼程序的时效

无论其他任何相关法律如何规定，本法项下的犯罪诉讼程序，自被指控具有违法行为或不履行行为之日起 6 年内可进行。

第四百三十九条　处罚通知

（一）注册官有理由确信任何人违反本法项下罪行的，并对处罚或最高处罚有明确规定的，则在本条中称为"规定的犯罪"。注册官可依照本条第（二）款规定按照规定格式向前述人员发送一份通知。

1.有关违反规定的罪行控诉和该犯罪相关的材料陈述；

2.注册官就规定的犯罪做出的相关处罚或做出的规定的最高处罚以内的处罚的陈述；

3.还应陈述下述内容：

（1）因不履行应做出的行为或事项被指控为规定的犯罪的相关事项：

a）即使发送了通知或对规定处罚或注册官做出的规定的最高处罚以内的处罚的罚款进行了支付，仍应继续履行相关行为或事项的义务；

b）上述人员在通知函中规定的时间内（超过21天），向相关当局支付所规定处罚或注册官做出的规定的最高处罚以内的处罚所需罚款且履行前述行为或事项的，不对其就规定的犯罪采取进一步处理；

c）通知函规定的日期结束时，上述人员未就规定处罚或注册官做出的规定的最高处罚以内的处罚向通知函中所述的相关当局支付罚款的或未履行上述行为或事项的，可针对其提起诉讼。

（2）因不履行应履行行为或事项被控诉的罪行以外的规定的犯罪的相关事项：

a）上述人员在通知函规定的时间内（超过21天），向通知函中所述的相关当局就规定的处罚或注册官做出的规定的最高处罚以内的处罚支付罚款的，不对其就规定的犯罪采取进一步处理；

b）上述人员在通知函规定的时间结束时，未向通知函中所述的相关当局就规定的处罚或注册官做出的规定的最高处罚以内的处罚支付罚款的，可对其提起诉讼。

（二）本条第（一）款规定不得就下述事项授权注册官：

1.按本条第（一）款规定针对指控任何人触犯规定的任何罪行向前述人员发送一份及一份以上通知的；

2.按本条第（一）款规定就未按第四百三十八条规定就上述罪行对任何人提起诉讼的事宜，向前述人员发送一份有关规定的犯罪的通知的。

（三）可亲自或通过邮递或电子方式将本条第（一）款中所述通知发送至任何相关个人。

（四）依照本条第（一）款规定向因未履行专项行为或事项被指控触犯规定的犯罪的个人发送一份通知时：

1. 上述人员在通知函规定的时间内，向通知函所述的相关当局就规定的处罚或注册官做出的规定的最高处罚以内的处罚支付罚款且遵照执行上述行为或事项的，不可对其就规定的犯罪进行制裁。

2. 上述人员在通知函规定的时间内，向通知函所述的相关当局就规定的处罚和注册官做出的规定的最高处罚以内的处罚支付罚款，但未遵照执行上述行为或事项的，不可对其就规定的犯罪进行制裁。但是，前述人员仍有义务履行前述行为或事项，仍不予履行的，第四百四十九条规定自其支付针对规定的处罚或注册官做出的规定的最高处罚以内的处罚的罚款之日起产生效力，并判定上述人员犯有因不履行上述行为或事项被指控的犯罪。

3. 上述人员在通知函规定的时间结束时，未向通知函所述的相关当局就规定的处罚或注册官做出的规定的最高处罚以内的处罚支付罚款而对前述行为或事项遵照执行的，可对其就规定的犯罪进行制裁。

4. 上述人员在通知函规定的时间结束时，未向通知函所述的相关当局就规定的处罚或注册官做出的规定的最高处罚以内的处罚支付罚款且未对前述行为或事项遵照执行的，但其有责任应继续履行前述行为或事项的，可对其就规定的犯罪进行制裁。

（五）依照本条第（一）款规定向个人发送因不履行专项行为或事项被指控犯罪以外的规定的犯罪的一份通知时：

1. 上述人员在通知函规定的时间内，向通知函所述的相关当局就规定的处罚或注册官做出的规定的最高处罚以内的处罚支付罚款的，不可对其就规定的犯罪进行制裁。

2. 上述人员在通知函规定的时间结束时，未向通知函所述的相关当局就规定的处罚或注册官做出的规定的最高处罚以内的处罚支付罚款的，可对其就规定的犯罪进行制裁。

（六）不得因任何个人支付依照本条规定就规定的某项犯罪向其发送的通知函中所述的金额而免除此人就所触犯的规定的犯罪应履行的责任。

（七）除本条第（四）款第 1、2 项规定和第（五）款第 1 项规定事项以外，本条任何规定不得影响本法或其他任何法律有关就本条所述事项规定的犯罪进行诉讼的规定的施行。

第四百四十条　诉讼协助人

（一）依照本法针对本条中的被告就任何犯罪提起诉讼时或注册官认为应依照本法就任何犯罪提起诉讼时，注册官可要求下述人员协助起诉：

1. 被告为任何个人的，要求其合伙人、员工、代理中的任何人；

2. 被告为法人的，可要求其过去或现任的任何管理人员、员工或代理中的任何人。

上述人员应就诉讼相关事宜提供合理的所有协助。

（二）注册官认为任何个人可能以被告身份或个人律师身份参与诉讼的，不得要求其遵照本条第（一）款规定。

（三）本条第（一）款第 1 项或第 2 项规定项下任何个人，未按第（一）款规定提供所需协助的，在不影响判定此人已违反本法规定和对此人因违反本条规定处以适当处罚的情况下，法院可应注册官申请做出要求此人遵守前述规定的命令，并在命令规定的时间内按规定的方式落实。

（四）本条中与被告相关的代理人指被告的员工或被告委任的作为公司管理人员或非管理人员的银行业者或审计师。

声明、命令和禁令

第四百四十一条　违反义务的声明

（一）注册官可申请违反义务声明、处罚命令或赔偿命令。

（二）法院有理由相信某人依照本条规定违反本法其他任何条款的，可做出下述命令取代依照本法第一百九十条做出的任何处罚。

1. 依照本条规定下发违反声明命令；

2. 依照本法第四百四十二条规定下发任何处罚命令；

3. 依照本法第四百四十三条规定下发任何赔偿命令。

（三）依照本条第（二）款规定下发违反声明命令的，注册官未依照本条第（一）款规定申请做出某项赔偿命令的，公司可就前述赔偿申请赔偿命令。

（四）有关针对做出违反义务声明、处罚命令或赔偿命令的诉讼，可自前述违反行为开始之日起 6 年内开始提起诉讼。

（五）法院依照相关法律规定对针对做出违反义务声明、处罚命令或赔偿命令的诉讼进行听讯时，应遵照民事案件证据和程序执行。

（六）某人因某种行为被判定犯有与违反义务行为基本相同的罪行的，法院不得针对该人做出任何违反义务声明或处罚命令或赔偿命令。

第四百四十二条 处罚命令

（一）法院发现下述情形的，可下发命令要求具有下述情形的人员缴纳 1000 万缅元及以下罚款，并纳入联邦财政基金：

1. 依照本法第四百四十一条对某人的违反行为做出声明的；

2. 违反行为：

（1）严重影响公司或公司股东利益的；

（2）严重影响公司对公司债权人的支付能力的。

（二）法院判决的罚款是代表国家支付给注册官的民事债务，注册官可视同执行针对此人就收回此人所欠债务做出的民事诉讼命令进行执行。

第四百四十三条 赔偿命令

（一）未依照本法第四百四十二条申请处罚命令的或做出处罚命令的，法院发现下具有述情形的，可做出要求某人就公司损失向公司进行赔偿的命令：

1. 依照本法第四百四十一条规定对此人就违反行为做出声明的；

2. 损失是因违反行为引起的。

（二）命令应明确应赔偿的金额。

（三）在决定公司的损失以做出某项赔偿命令时，法院可对个人因违反行为或犯罪行为获得的利益加以考虑。

（四）赔偿命令可视同法院判决予以执行。

第四百四十四条 禁令

（一）出现下列情形的：

1. 依照本法对违反本法或可能违反本法的个人的行为或失职进行调查时；

2. 针对某人就违反本法的行为提起诉讼时；

3. 依照本法对某人的民事案件进行调查时。

法院认为有必要或需要要求本条第1、2、3项中的相关人士向本条中称作受害人的其他人支付其有责任或可能有责任应支付的债务、赔偿或其他事项或交付财产以保护前述受害人利益的，经注册官或受害人申请，法院可做出本条第（二）款中的一项或多项命令。

（二）法院可针对本条第（一）款做出下述一项或多项命令：

1. 禁止债务人向任何相关人士或此人的合伙人支付全部或部分债务或禁止按债务人人指示或要求向其他任何人支付款项的命令；

2. 禁止资金或其他财产持有人按照资金或其他财产代理持有人的指示或要求代表相关人士或代表此人的合伙人向其他任何人支付全部或任何资金或转让其他财产或分离其他财产的所有权的命令；

3. 禁止个人将相关人士或此人的合伙人的资金携带或运送至缅甸境外的命令；

4. 禁止个人将相关人士或此人的合伙人的财产自缅甸境内某地携带或运送或转移至缅甸境外的命令；

5. 委任令：

（1）相关人士为自然人的，针对前述人士的财产或部分财产具有法院命令的接管人或信托人的委任令；

（2）相关人士为公司等法人团体的，针对前述人士的财产或部分财产具有法院命令的接管人或官方清算人的委任令；

6. 相关人士为自然人的，法院做出以其认为合适的方式要求前述人士向法院提交护照和其他文件的命令；

7. 相关人士为自然人的，禁止此人未经法院许可离开缅甸境内的命令。

（三）可下发完全或有条件禁止本条第（二）款中行为的命令。

（四）向法院申请做出本条第（一）款中任何命令的，法院认为可行但在其未做出决定前，法院可下发择日再决定的临时命令。

（五）按照本条第（一）款要求申请时，法院不得要求申请人或其他任何人就本条第（四）款中的临时命令规定造成的损失负责。

（六）法院就个人申请按照本条下发命令时，经此人或做出的命令的相关人员申请，法院可做出取消或更改初次命令的命令。

（七）依照本条第（一）或第（三）款规定做出的命令，在规定的时间内或依照本条规定以其他任何命令取消该命令前，可视为有效。

第四百四十五条　授予禁令的权力

（一）个人已经、正在或即将做出已经、正在或即将触犯下述情形的行为的，注册官或因前述行为利益受损者向法院申请的，法院可按其认为合适的规定做出禁止上述人员做出上述行为的命令。此外，法院还可要求上述人员做出法院认为应做出的行动或落实应落实的事项：

1. 违反本法；

2. 试图违反本法；

3. 协助、教唆、建议或鼓励个人违反本法；

4. 以恐吓或承诺或其他方式引诱或试图引诱个人违反本法的；

5. 以任何方式直接或间接与个人违反本法相关或参与个人违反本法的；

6. 与他人合谋违反本法的。

（二）个人已经、正在或即将拒绝或不履行本法行为或事项的，法院：

1. 根据注册官的申请；

2. 根据因拒绝或不履行前述行为或事项权益受损的人士的申请。

可以法院认为合适的规定，下发禁止前述人员做出前述行为或事项的命令。

（三）申请本条第（一）款或第（二）款规定中的禁令的，法院认为该申请合理的，可依照调查事项中当事人的意见下发某项禁令，而无须考虑是否遵照上述条款规定。

（四）法院可取消或更改本条第（一）款和第（二）款中的任何禁令。

（五）注册官向法院申请依照本条规定下发某项禁令的，法院不得要求申请人或其他任何人对因临时禁令规定导致的损失承担责任。

（六）依照本条对个人进行诉讼的，法院可依照第四百四十四条规定对该人下发某项命令。

（七）法院有权依照本条规定针对个人的特定行为或特定行动或事项下发禁令，还可下发命令要求此人向他人的损失进行支付以作为对禁令的补充或替代。

第四百四十六条　不限制法院的其他权力

本章的任何规定不得影响本章权力以外的法院的任何权力。

案件审理过程中对资料的使用和资料类型

第四百四十七条　许可将资料以证据呈送

（一）公司依照本法任何规定整理保存的资料原件在任何案件审理过程中都可作为证据呈现，该资料也应是资料中所描述的或所记录的事项的初步证据。

（二）作为公司应保存的资料原件的任何文件，没有相反规定的，应视为本条第（一）款中保存的资料。

第四百四十八条　资料类型及证据价值

（一）依照本法须保存或须编制的资料应按如下要求进行保存或编制：

1.书写进装订本或活页本；

2.通过设备或电子方式或其他任何介质进行记录或保存；

3.使用注册官同意的其他方式。

（二）未按照下述要求落实本条第（一）款规定的，不得允许以设备或电子方式或其他任何介质对资料进行保存或编制：

1.记录的或存储的事项在任何时候可以以书面形式重新获得；

2.可以注册官认可的书面形式重新获得上述事项的。

（三）公司应采取规定的预防措施在内的所有预防措施使依照本法规定

由公司保存或编制的资料或资料的部分内容免受损坏、破坏、虚假编写，并采取预防措施呈现该资料中存在的伪造信息。

（四）公司使用设备、电子方式或其他任何介质对公司事项进行记录或存储时，履行本法有关确保前述事项所涵盖的资料可供查阅或可获取涵盖前述内容的资料的全部或部分内容的副本的义务，可解释为履行有关确保文字形式存储的事项可供查阅或就该事项的全部或部分内容整理成书面清晰完整且可供获取的文件的义务。

（五）注册官可就本条第（四）款中编制的文件所含信息如何进行修订编写以确保及时更新做出指示。

（六）如果：

1. 依照本法保存或编制的资料因本法规定成为任何事项的初步证据；

2. 使用设备、电子方式或其他介质对上述资料或资料的部分事项进行储存或记录的，获取的前述记录或储存的事项的文字文件应作为上述事项的初步证据。

（七）除有相反规定以外，对以设备、电子方式或其他介质记录或存储的事项的文字形式获取应视为对前述事项的书面记录事项。

文件的发送和认证

第四百四十九条　向公司发送文件

在不影响发送文件的其他任何方式的情况下，可通过下述方式向公司发送任何文件：

（一）亲自或通过邮局向公司注册办公室递送；

（二）向注册官依照本法第四百二十一条规定保存的登记簿中公司董事名单中的任何人员递送；

（三）向公司主要营业地的任何公司员工发送；

（四）按照法院规定的方式发送任何诉讼文件；

（五）按与公司达成的协定发送。

第四百五十条　向注册官发送文件

向注册官递送任何文件时，可亲自或通过邮局或直接送往其办公地点。

第四百五十一条　文件认证

在不影响公司认证文件或案件程序的其他任何方式或依照本法第三十一条规定与公司具有业务往来的任何人有权做出的假设的情况下，公司需要认证的文件或案件程序可由公司的任何董事、秘书或其他被授权人进行签字，该事项无须加盖公司印章。

第三十章　犯罪与辩护

特定犯罪

第四百五十二条　针对虚假陈述的处罚

任何人对本法任何规定项下的事项所需损益表、报告、证书、财务报表或其他文件中的重要信息，明知该信息存在虚假仍故意或许可虚假陈述或错误上报的或明知前述文件中存在任何内容遗漏导致文件虚假或错误上报且仍旧保持遗漏或许可遗漏的，应承担现行法律规定的处罚。

第四百五十三条　对不当持有或破坏财产的处罚

非正当方式获取公司财产的所有权或对所拥有的任何前述财产进行不当持有或故意将财产用于本法或公司章程规定或指示的或许可的事项以外的其他任何事项的公司董事、其他管理人员或任何员工，经公司、公司的债权人或任何出资人申诉，应承担现行法律规定的处罚。此外，法院还可下发命令要求在法院规定的日期内就不当获得的或持有的或故意误用的前述财产进行退还或对资金进行归还。

第四百五十四条　对员工滥用保险金的处罚

（一）依照与公司建立的服务协议，公司应将员工存放于公司的款项或保险金保存或存放于公司在指定银行开设的特定账户，公司不得将前述款项或保险金的任何部分使用于服务协议明确的事项以外的事项。

（二）公司对公司员工或任何层级的员工建立养老基金的，公司或员工缴入前述基金的所有款项或以利息或其他任何方式累积入前述基金的款项，应存放于在缅甸中央银行颁发正式许可的金融机构开设的账户或作为信托法第二十条第（一）款至第（五）款规定所述或所提及的证券进行投资并遵照其他相关法律执行。

（三）即使与本条第（二）款相关的任何基金或公司与公司员工间建立的任何协议所含任何基金相关规定存有任何对立，任何员工不得以高于其缴入本条第（二）款投资基金中的数额比例的利率获得利息。

（四）经公司员工向公司提出请求，可查看本条第（一）款和第（二）款中所提及的款项的银行收据或任何证券的所有权证据。

（五）故意违反或许可违反或授意违反本条规定的公司董事或其他管理人员应分别承担现行法律规定的处罚。

第四百五十五条 "有限"一词使用不当的处罚

任何个人或多人以末尾带有"有限"一词的名称或标题从事贸易或经营活动的，不属于合法成立的有限责任公司的，前述人员或多名人员应承担现行法律规定的处罚。

第四百五十六条 对伪造资料内容的处罚

（一）任何公司的管理人员、曾经任职的管理人员、员工、曾经任职的员工、公司股东或曾经的公司股东对公司所属或发行的任何证券或公司业务相关的任何资料内容进行隐藏、毁坏、毁损或伪造的，视为已触犯本法规定的某种罪行。

（二）对用于或拟用于公司业务相关的资料保存的事项使用设备或电子方式或其他任何介质进行记录或储存的，存在难以辨认的：

1. 明知重要事项存在虚假或误导性内容仍使用上述介质对上述事项进行记录或储存的任何人；

2. 对在以记录或储存以上述介质记录或储存的事项或准备以上述介质记录或储存的其他事项为目的进行编写的事项中或在用于集中或重新编辑上述

事项的编写事项中做出毁坏、清除或伪造行为的任何人；

3. 有责任使用上述介质对事项进行记录或储存但未遵照履行的任何人：

（1）试图对以上述介质记录或储存的事项内容的全部或部分进行伪造或伪编的；

（2）明知不按要求记录或储存事项会导致以该介质记录或储存其他特定重大事项时会发生差错或误导的，视为已违反本条规定。

4. 被告能证明可能构成犯罪的行为或不作为的所有情况属于本人诚实行为并可提供免责证据的，视为对本条第（一）款或第（二）款中的任何指控的有效辩护。

5. 本条规定不影响且适用本法第四百五十二条规定。

一般犯罪

第四百五十七条　一般处罚规定

（一）个人（包括公司）：

1. 做出本法任何规定禁止的行为或事项的；

2. 未落实本法任何规定要求或指示落实的行为或事项的；

3. 以其他任何方式违反本法任何规定的。

本法前述规定或其他规定认为此人有罪的，应视为此人违反本款某项罪行有效。

（二）个人依照本条第（一）款或其他规定被判定触犯本法相关罪行的，应承担不超过适用于相关罪行的处罚以上的处罚。

（三）本法任何规定（除本条规定外）对违反本法特定条款相关处罚作为特定处罚、罚款或其他任何处罚予以规定的，适用于前述违反特定规定引起的犯罪的处罚即为特定处罚。

第四百五十八条　同时涉及司法管辖权范围内外的犯罪

如果：

（一）个人在缅甸境外做出任何禁止行为的或在缅甸境外对应履行的任何行为不作为的。

（二）过去在缅甸境内做出上述行为或对应作为而不作为的，视同此人因在缅甸境内做出任何行为或应作为而不作为而触犯违反本法的犯罪的，可以以前述犯罪判定对此人的处罚。

第四百五十九条　继续犯罪

（一）本法项下规定的时间内或规定的时间前须落实的任何行为，在前述时间内或前述时间前对前述行为的不作为导致触犯任何犯罪的，在前述时间内或前述时间前未做出前述行为的应做如下处理：

1. 上述时间结束后或超出上述时间范围内仍有义务履行相关行为的，无论是否因未履行前述行为而被判定犯罪，均应履行完上述行为；

2. 应遵守本条第（三）款中的规定。

（二）本法任何规定项下需做出但未规定做出时间的行为，因未履行该行为而犯罪的，且被判定因未履行前述行为而犯罪的，应做如下处理：

1. 虽被判定犯罪，但仍应继续履行完成针对上述行为的义务；

2. 应遵守本条第（三）款中的规定。

（三）在规定时间内未履行相关行为首次被判定犯罪的，在前述时间结束后仍不履行前述行为的，应做如下处理：

1. 在未履行行为整个期间或上述规定时间结束后另一犯罪相关日期到来前的整个时间内触犯另一犯罪；

2. 视为因在上述时间内未履行本法和其他任何相关法律项下事项相关行为而继续犯罪。

（四）个人在规定的某个时间段内或该时间的某个阶段内触犯本条第（三）款某项犯罪的，适用于该犯罪的处罚为针对前述时间的每一天或前述时间的某个阶段的每一天判处罚款 2.5 万缅元。

辩护与宽免

第四百六十条　董事或管理人员的辩护

（一）在不限制本法第四百三十五条规定执行的情况下，董事或管理人员能证明下述内容的，可作为对指控董事会责任或任何责任相关犯罪的董事或任何管理人员的某项辩护：

1.在董事会责任相关犯罪中，董事会采取了所有适当的措施确保遵照本法规定执行；

2.在董事会责任相关犯罪中，董事或管理人员采取了所有适当措施确保董事会遵守本法规定；

3.在董事或管理人员责任相关犯罪中，董事或管理人员采取了所有适当措施确保遵守本法规定；

4.董事或管理人员在该事项中未采取适当措施使其本身或董事会遵守本法规定的。

（二）在不限制本法第四百三十五条规定的情况下，董事或管理人员可证明下述内容的，可作为对指控公司任何责任犯罪的董事或管理人员的辩护：

1.公司采取所有适当措施确保遵守本法规定的；

2.董事或管理人员采取所有适当措施确保公司遵守本法规定的；

3.董事或管理人员在该事项中未能采取适当措施确保公司遵守本法规定的。

第四百六十一条　违反声明发布后的宽免

（一）在不限制本法第四百三十五条规定的情况下，依照本部分规定对任何个人提起的诉讼或审理程序中，法院发现此人违反或可能违反本法任何条款或规定的其他规定，但属于下述情形的，法院可对与此人相关的违反行为相关责任或以其他方式可能由此人承担的责任的全部或部分予以免除：

1.此人属于诚实行事的；

2.发现此人在案件所含所有情形中（包括此人作为公司管理人员或员工委任的事项在内），应对其违反行为进行宽免的。

（二）个人认为可能会被依照本部分规定就其违反本法规定的行为提起诉讼的，此人可向法院申请宽免权。

（三）按照本条第（二）款规定提出申请的，法院可视同已提起诉讼，并按照本条第（一）款规定给予宽免权。

（四）本条规定不得限制法院可给予宽免权的其他任何权力的行使。

第八部分
其 他

第三十一章　其他规定

第四百六十二条　发布规章、细则、命令、通令和指示的权力

（一）在不限制本法或其他相关法律赋予的权力或与之相关的任何规定的情况下：

1. 经联邦政府同意，部委可发布细则、规定和规章以有效实施、管理和执行本法；

2. 注册官可发布通令、命令、指示、惯例、表格和格式以有效实施、管理和执行本法；

3. 在执行本款第 1 项和第 2 项规定时，可提前征求相关个体商业协会的意见。

（二）本条第（一）款中发布的所有细则、规章、通令、命令、指示和惯例应在国家公报予以公布，公布后即视同在本法颁布生效。

第四百六十三条　成立特别法院、法庭、工作委员会或委员会的权力

（一）经联邦政府同意，部委可发布所需法规、细则、通令、命令、指示和惯例以成立有助于实施和管理本法的法庭或工作委员会或委员会。前述法规、细则、通令、命令、指示和惯例不得与本法相违背，但可包含下述相关规定：

1. 不超越本法或其他相关任何法律赋予法院的权力、职责、职能、程序的法庭或工作委员会或委员会的权力、职责、职能和程序（包括法庭或工作委员会或委员会发布的命令在内）；

2. 可在法庭或工作委员会或委员会审判权范围内裁决的一般或特别事

项，以及对法庭或工作委员会的裁决进行复审或上诉的程序；

3. 法庭或工作委员会或委员会成员人数和资质规定；

4. 委任、免除或停职法庭或工作委员会或委员会成员和填补空缺职位的程序；

5. 委任法庭或工作委员会或委员会成员或员工的委任规章；

6. 法庭或工作委员会或委员会（包括临时或永久或针对特别事项成立的法庭或工作委员会或委员会）的期限；

7. 法庭或工作委员会或委员会的经费和法庭或工作委员会或委员会规定费用、罚款或处罚及征收费用的职能。

（二）经联邦政府同意，部委可向联邦最高法院申请成立有助于实施和管理本法的特别法院。

第四百六十四条　与外国公司相关的规定

本法有关外国公司的相关条款不得违背 1987 年颁布的《不动产转让限制法》的条款规定。

第三十二章　有效条款和过渡条款

第四百六十五条　与旧法相关的条款

（一）旧法及其旧法后附附表自本法生效之日起废止。

（二）旧法废止后，按旧法已开展的或正在开展的事项依照本章规定或本章后续规定视为本法项下已开展或正在开展的事项。

第四百六十六条　暂停公司清算诉讼的效力

本法有关公司清算的条款不适用于本法开始生效前已经着手办理公司清算的任何公司。但前述所有公司应视同本法尚未颁布，仍按照以前处理同样事项的相同方式进行清算。

第四百六十七条 文件的效力

本法开始生效前依照以本法废止的任何法律编制转让的文件或其他所有文件视同与本法颁布前具有同等效力，并视同被废止法律对前述文件所涉事项仍具有法律效力。

第四百六十八条 之前的注册办公室、登记簿和注册官继续有效

（一）本法生效时存在的公司注册办公室视为依照本法成立继续有效。

（二）保存于上述注册办公室的登记簿分别视为应依照本法保存的公司的登记簿的一部分。

（三）现任注册官和上述办公室的管理人员应继续任职。但是，前述人员的责任履行应遵守联邦部长的规定。

第四百六十九条 现有的注册公司继续注册

（一）根据本法第四百二十一条第（四）款规定按照旧法注册的任何公司或其他任何机构，其注册在本法生效时依然有效的，则该公司或机构的注册应自本法生效之日起视同依照本法第二部分规定的对应种类的公司或机构进行的注册。

（二）本条第（一）款中相关的公司在过渡期应委任一名缅甸境内常驻人员作为董事。

（三）本条第（一）款中的相关外国法人在过渡期应委任一名被授权人。

第四百七十条 正在进行的申请

（一）依照旧法注册任何公司或机构的申请程序在本法生效之日前尚未结束的，申请人未撤销的，该申请视为依照本法提出的申请。

（二）为确保申请符合本法有关申请相关的规定，申请人可请求或注册官可要求申请人对本条第（一）款中的申请进行修改。

第四百七十一条 废除现行部分规定和其余规定继续有效

（一）1940年《缅甸公司法细则》第八条至第三十条所有规定和《缅甸公司法条例》附表第1至9自本法生效之日起废除。

（二）1957年《缅甸公司法规》自本法生效之日起废除。

（三）除本条第（一）款和第（二）款规定以外，针对本法生效前生效实施的与本法相同的旧法条款的规章，在本法生效后进行必要修订后可按下述规定继续有效：

1. 上述规章为依照本法第四百七十五条有效的规章；

2. 上述规章是针对本法相同条款事项的规章。

第四百七十二条 根据相关条款已完成的事项继续有效

对本章其他任何条款没有限制的下列事项，应视为已依照本法相同条款或针对上述条款项下事项执行，且应在本法生效后生效或适用：

（一）针对依照本法生效前旧法中与本法相同的任何条款执行的或针对该条款项下事项执行的。

（二）上述条款项下事项在本法生效之日前以旧法事项继续执行的。

第四百七十三条 既得权利的继续享有

在不限制本章其他条款的情况下，个人在本法生效前依照与本法任何条款相应的旧法条款（除依照法院命令）获得任何权利或承担任何义务的，前述权利与义务应视为依照本法相应条款继续存在，如同该条款适用所引起权利或义务的行为或情况一样。

第四百七十四条 文件中引用的旧法内容

（一）根据本条第（二）款对旧法条款或规章、与本法条款或规章相应的旧法条款、其他相关法律任何条款的引用，在本法生效后视为对本法的引用或对本法相关条款或规章的引用。

（二）依本法制定的规章中应明确规定本条第（一）款规定不适用于规定的相关法律中规定的引用。

第四百七十五条 制定过渡规章

（一）依照本法制定的规章适用于旧法条款执行向本法条款执行过渡相关的效力或过渡事项，纵使本章另有规定，该规章依然生效。

（二）在不限制本条第（一）款规定的情况下，上述规章可以下述方式对相关事项的全部或部分进行规定：

1. 对上述事项进行修订或不予修订，使其适用下述条款：

（1）本法生效之日前或更早时间内生效的旧法条款；

（2）本法条款；

（3）本款第（1）和第（2）项中所述条款的合并条款。

2.依照以其他方式制定的与上述事项相关的细则；

3.就事关本法事项的上述事项的后果或成果进行规定。

（三）可在规章中就本章部分条款按规章所述进行的修订进行陈述，前述条款应按修订后的条款生效。

第四百七十六条　代管人终止的安排

（一）本法生效后，任何公司不得委任代管人，依照本条第（二）款规定进行的代管人委任安排自本法生效之日起停止，且上述代管人自此日起视为公司的一名董事。

（二）本法生效时，尚有一名代管人的任何公司或前述代管人向联邦部长申请由代管人代管至过渡期结束的，可申请本条第（一）款规定的豁免权，该申请应自本法生效之日起 28 日内提出。

（三）收到本条第（二）款所述申请的，联邦部长可以其认为合适的方式，考虑公司利益最大化，就该申请做出决定。

（四）不得因本条款行使向任何代管人支付赔偿。但是，在本法生效时，尚未支付给代管人的费用应继续支付。

依据缅甸联邦共和国宪法签署本法。